GUIDA DI
SOPRAVVIVENZA
— PER —
RAGAZZE
ADOLESCENTI

**101 Consigli essenziali che
ogni Ragazza deve conoscere per
superare le sfide, raggiungere
i propri obiettivi
e vivere una vita felice**

©Copyright 2023 By Darian Kingsley

All Rights Reserved

The content contained within this book may not be reproduced, duplicated, or transmitted without direct written permission from the author

Indice

INTRODUZIONE 8

PARTE 1: LA TUA MENTE

Capitolo 1: Stai cambiando, e adesso? 11
    1 - Il cambiamento è inevitabile… 11
    2 - …e sta avvenendo proprio adesso…... 12
    3 - La pubertà può fare paura 13
    4 - Il tuo corpo cambia 14
    5 - Stai diventando una donna 14
    6 - Anche la tua mente cambia 15
    7 - È ok avere paura 17
    8 - Impara a conoscerti e continua a farlo 17
    In breve 19
    Esercizio 1: Il controllo 20

Capitolo 2. Perché non sei come gli altri? 21
    9 - Siamo tutti nella stessa barca 22
    10 - "Normale" è solo una parola 22
    11 - Non sei da sola 23
    12 - Nessuno ti sta giudicando 24
    13 - Tu sei il tuo obiettivo 25
    In breve 26

Capitolo 3: Scopri chi sei 27
    14 - Solo tu puoi definire i tuoi valori 28
    15 - Ascolta i consigli… 29
    16 - …ma non avere paura di ascoltare te stessa 29
    17 - Fidati del tuo istinto 30
    18 - Impara dall'esperienza 31
    In breve 33
    Esercizio 2: Il mio riflesso interiore 34

Capitolo 4: La salute mentale è una cosa seria 35
    19 - Prenditi sul serio 35
    20 - Impara a curarti per stare bene 36
    21 - Calma la tua voce interiore 37
    22 - Gestisci lo stress 38
    23 - Non avere paura di chiedere aiuto.. 39
    In breve 41
    Esercizio 3: Gestisci lo stress 42

Capitolo 5: Pensa nel modo giusto 43
    24 - Non lasciare a casa la testa 44
    25 - Non cambiare mai idea non è mai una buona idea 45
    26 - Le persone chiuse non hanno successo 45
    27 - Pensa a crescere, e vinci 46
    28 - Gli errori sono una cosa buona 47
    29 - Sei la tua migliore amica 47
    In breve 49

PARTE 2: IL TUO CORPO

Capitolo 6: Il tuo corpo è tuo amico 51
    30 - Hai solo un corpo, ed è speciale 51
    31 - Concentrati sulla tua autostima 52
    32 - Amati sempre, anche quando stai cambiando 53
    33 - Il peso è solo un numero 55
    34 - Affidati ad un esperto 56
    35 - Impara a prenderti cura del tuo corpo 56
    In breve 58
    Esercizio 4: Ama te stessa 59

Capitolo 7: Mangia bene per sentirti bene 60
    36 - Sei quello che mangi 60
    37 - Le diete possono essere un pericolo 61
    38 - Non privarti di nulla 62
    39 - L'acqua è fondamentale 62
    40 - Solo l'acqua è acqua 63
    41 - Non lasciarti condizionare 63
    In breve 65

Capitolo 8: Fai movimento 66
    42 - Fai movimento e sarai invincibile 66
    43 - Esci all'aria aperta 67
    44 - I muscoli stanno bene a tutti 68
    45 - Rispetta i tuoi limiti 69
    In breve 70

Capitolo 9: Prenditi cura di te 71
    46 - Scopri l'igiene e non lasciarla più 71
    47 - Crea una routine per stare meglio 72
    48 - Non avere paura dell'acne 74
    49 - Impara a conoscere il ciclo mestruale 75
    50 - Per ogni problema c'è una soluzione 76
    51 - Siamo tutte diverse 77
    52 - Scopri cosa è meglio per te 78

53 - Impara a coccolarti 79
   In breve 80
   Esercizio 5: La mia routine del benessere 81

PARTE 3: LA SCUOLA
   Capitolo 10: La scuola è l'esercizio del futuro 85
      54 - La scuola non è roba da secchione 86
      55 - Impara tutto quello che puoi 86
      56 - Leggi, leggi, leggi 87
      57 - Il lavoro degli insegnanti non è renderti la vita impossibile 88
      58 - Conosci i tuoi limiti 89
      59 - Attenta alla pigrizia 90
      60 - Non stressarti troppo 90
      61 - Segui i tuoi sogni: puoi essere chi vuoi 91
      In breve 92

   Capitolo 11: Impegno o talento? 93
      62 - Il talento da solo è inutile 93
      63 - Anche le persone di talento falliscono 94
      64 - Scopri il segreto del successo 95
      65 - Sarai ciò che stai diventando ora 96
      In breve 98
      Esercizio 6: Il mio talento 99

PARTE 4: LE RELAZIONI
   Capitolo 12: I genitori 103
      66 - Anche i genitori stanno imparando 103
      67 - Fagliela passare liscia qualche volta 104
      68 - Prenditi il tempo di conoscere i tuoi genitori 104
      69 - Chiedi consiglio ai tuoi genitori 105
      In breve 107

   Capitolo 13: I fratelli 108
      70 - I tuoi fratelli sono tuoi amici 108
      71 - Passa del tempo con i tuoi fratelli 109
      72 - Chiedi consiglio ai tuoi fratelli maggiori 109
      73 - Proteggi i tuoi fratelli minori.. 110
      In breve 111

   Capitolo 14: I nonni 112
      74 - Ricordati che sei fortunata 112
      75 - Scopri da dove viene la tua famiglia 113
      76 - Passa del tempo con i tuoi nonni 114
      In breve 115

Capitolo 15: Gli amici 116
77 - Meglio pochi ma buoni 116
78 - Anche gli introversi hanno bisogno di amici 117
79 - Tu sei i tuoi amici 118
80 - Gli amici vanno e vengono 119
81 - Litigare è normale... 120
82 - ...l'importante è risolvere 120
In breve 122
Esercizio 7: Rendi felici gli altri 123

Capitolo 16: La pressione sociale e i falsi amici 124
83 - Non lasciarti influenzare 124
84 - Impara a riconoscere i falsi amici 125
85 - Essere accettati è accettare 126
86 - Tu sei importante: rispetta te stessa per rispettare gli altri ... 127
87 - Cerca relazioni sane 127
88 - Se non sei felice, allontanati 128
89 - Trova un nuovo gruppo di amici 129
In breve 130

PARTE 5: QUALCHE SEGRETO IN PIÙ

Capitolo 17: Preparati per il futuro 133
90 - Anche tu puoi guadagnare 133
91 - Segui le tue passioni 134
92 - Muovi i primi passi 134
93 - Sfrutta i tuoi talenti senza uscire di casa 135
94 - Inizia a prepararti per l'università 136
95 - Prova a fare volontariato 138
In breve 139
Esercizio 8: L'importanza del risparmio 140
Esercizio 9: Paura del futuro 142

Capitolo 18: I social media 143
96 - I social possono essere pericolosi 143
97 - ...impara a usarli nel modo giusto 145
In breve 146
Esercizio 10: Il digital detox 147

Capitolo 19: Body shaming: il bullismo della bellezza 148
98 - Non credere alla bugia della bellezza assoluta 148
99 - Il body shaming è dietro l'angolo 149
100 - Sii orgogliosa del tuo corpo 150
101 - Rimani sempre te stessa 150
In breve 151

CONCLUSIONE 153

Introduzione

Se hai tra le mani questo libro, questo significa che sei una ragazza che vuole imparare e che vuole migliorarsi. La prima cosa che vogliamo dire, quindi, è complimenti!

Sta per iniziare uno dei periodi più speciali della tua vita, pieno di responsabilità ma anche di divertimento, e stai già partendo con l'atteggiamento giusto. Certo, non sarà tutto rose e fiori. Anzi, ci saranno giorni in cui i fiori li avrai proprio dimenticati. È normale, sono anni di cambiamento e di sfide, ma già il fatto che stai partendo con il piede giusto ti potrà sicuramente aiutare.

La cosa più importante da ricordare, però, è che tutto, ma proprio tutto, dipende proprio da te. Sta a te decidere che direzione prenderà la tua vita e che tipo di persona diventerai. E non è mai troppo presto (né troppo tardi) per prendere le redini di te stessa e indirizzarti sul per- corso giusto.

E proprio questo è lo scopo di questo libro. Grazie a questo pratico strumento, hai tra le mani un punto di riferimento per navigare in modo sicuro le acque della vita. Tramite i consigli pratici contenuti in queste pagine potrai veramente conoscere te stessa e il mondo che ti circonda, imparando a comportarti nel modo giusto nei tuoi confronti e con gli altri, crescendo e migliorando ogni giorno di più fino a raggiungere il futuro che vorresti per te stessa.

Per semplificare la lettura, questo libro è diviso in quattro sezioni tematiche: la tua mente, il tuo corpo, la scuola e le relazioni, con l'aggiunta di una parte extra dedicata a qualche suggerimento in più. Ogni sezione è dedicata a un aspetto specifico della tua vita, partendo dall'interno, da dentro di te, fino all'esterno, alle relazioni con gli altri, vicini o lontani che siano.

In ognuna di queste parti troverai tanti capitoli che ti guideranno nelle sfide quotidiane. Scoprirai tanti piccoli trucchi e segreti per facilitarti il compito e per rendere più semplice questo periodo tanto burrascoso quanto divertente, e imparerai a conoscere chi ti sta accanto ma anche tante persone nuove. E non dimenticarti di condividere tutto quello che ti sembrerà interessante con le tue amiche!

Insomma, senza dilungarci un minuto di più, ecco il libro che stavi aspettando. Speriamo che possa aiutarti a capirti meglio e a capire meglio la vita. Leggilo dall'inizio alla fine, prendi appunti e non dimenticare nulla.

Buona lettura!

PARTE 1:
La tua mente

Capitolo 1:
Stai cambiando, e adesso?

In questo capitolo imparerai ad essere preparata al cambiamento perché è una parte inevitabile della vita.

Sicuramente te ne sarai già accorta: l'adolescenza è l'età del cambiamento per eccellenza. Tutti stanno cambiando, anche tu, e devi improvvisamente imparare a gestire questo processo che fino a qualche anno fa potevi ignorare serenamente.

Naturalmente la prima reazione di fronte a qualcosa di sconosciuto è la paura: è normale sentirsi nervose e impreparate, non sapere a cosa si va incontro. E tuttavia, se ti fai controllare dalla paura finirai solo per sentirti delusa, stressata e infelice.

Il primo modo per evitare questo possibile scenario consiste nel riconoscere semplicemente che il cambiamento è parte della vita, e quindi bisogna accoglierlo a braccia aperte. Una volta preso atto di questa semplice verità, sarà facile imparare a seguire il cambiamento ovunque esso ti porti.

Cosa puoi fare? Continua a leggere per scoprirlo.

1 – Il cambiamento è inevitabile...
Il cambiamento è inevitabile. Prima accetti questo dato di fatto, meglio è. Cercare di creare una vita sempre uguale a sé stessa è del tutto impossibile, e sforzarsi di farlo

porta solo a infelicità, pentimento e dolore. Non resta quindi altro da fare che accettare l'inaccettabile: tutto cambia.

Naturalmente non sarai in grado di anticipare qualunque tipo di cambiamento. Tuttavia, puoi imparare ad essere consapevole che il cambiamento avverrà, che tu te lo sia immaginato o meno. In questo modo, eviterai di essere colta alla sprovvista quando quel momento arriverà. Questo significa anche che non perderai tempo ad inseguire qualcosa che, lo sai già, è del tutto impossibile da avere.

2 - ...e sta avvenendo proprio adesso

Per provare il fatto che il cambiamento è inevitabile, sappi che sta avvenendo anche in questo preciso momento, proprio mentre stai leggendo questo libro. In questo stesso istante, la tua esistenza si sta già modificando. Pensaci: gli esseri umani perdono ogni ora circa 600.000 frammenti di pelle (niente meno che sette chili di pelle all'anno!). E non finisce qui. Anche le cellule delle pa- reti dello intestino vengono completamente sostituite da "colleghe" nuove ogni tre o quattro giorni. Persino la saliva cambia costantemente, dato che il nostro corpo ne produce sempre di nuova mano a mano che usiamo quella creata in precedenza.

Insomma, ecco un'altra prova di ciò che stavamo dicendo: il cambiamento è davvero inevitabile, a partire dalla nostra stessa biologia. È letteralmente iscritto nei nostri corpi. Proprio per questo cercare di evitarlo è del tutto impossibile, proprio come sarebbe impossibile cercare di conservare le proprie cellule morte oppure impedire la formazione di nuova saliva.

Non resta altro da fare che accettarlo.

3 - La pubertà può fare paura

Il cambiamento sicuramente più grande di tutti quelli che avvengono in questi anni è la pubertà. Il tuo corpo e la tua mente inizieranno a cambiare ad un ritmo ancora più accelerato di quanto non stessero già facendo.

La pubertà è quel processo che ogni essere umano attraversa quando il suo corpo si sta preparando a diventare fisicamente maturo. Comporta quindi il rilascio di diverse sostanze, chiamate ormoni, che servono per farti diventare una persona adulta.

Tipicamente, per le ragazze questo periodo va dagli 8 ai 13 anni, ma in effetti continua ad avere effetto anche in seguito, per quanto molto spesso non ce ne accorgiamo. In ogni caso, ognuna di noi è differente, quindi mentre alcune ragazze potrebbero iniziare a scoprire dei cambiamenti molto presto, altre invece potrebbero subirli molto più tardi, e questo è del tutto normale.

La prima reazione di fronte all'arrivo della pubertà potrebbe essere di paura: tutti questi cambiamenti possono sembrare spaventosi se non si è preparate. È importante però capire che si tratta di un processo del tutto normale, e che il tuo corpo sa perfettamente in ogni momento cosa sta facendo.

4 - Il tuo corpo cambia

I primi cambiamenti saranno quelli fisici. Per prima cosa, le tue mani e i tuoi piedi diventeranno più grandi. Probabilmente inizierai a sentirti un po' goffa, proprio perché non sei abituata a gestire un corpo con quelle proporzioni. Pensa che la maggior parte delle ragazze raggiunge l'altezza massima addirittura due anni dopo l'inizio della pubertà. Servirà quindi un bel po' di tempo perché tu possa prendere confidenza con il tuo nuovo corpo.

Dovrai inoltre accettare un altro dato di fatto: il tuo corpo non sta semplicemente crescendo, si sta proprio modificando.

5 - Stai diventando una donna

Proprio così: scoprirai di avere molte più curve di quelle che avevi prima, soprattutto nell'area del petto e dei fianchi.

Si tratta di un'esperienza che per molte ragazze crea disagio, mette in difficoltà e arriva addirittura ad essere stressante. Questo ha perfettamente senso: è comunque un cambiamento enorme, e non tutte si sentono a proprio agio con esso. Il seno cambierà di taglia e di colore, e potrebbero crescere dei peli: tutto questo è normale. Molto spesso la forma e la dimensione del seno dipendono in larga parte dalla genetica, quindi potresti assomigliare ad altre donne della tua famiglia.

In questa fase, potresti scoprire di sentire il bisogno di un reggiseno. Molte ragazze si trovano più a proprio agio con un reggiseno sportivo, per poi passare a qualcosa di più tradizionale, mentre altre non hanno alcun bisogno di ricorrere a questi passaggi intermedi. Ognuna di queste soluzioni va benissimo: sta a te scegliere cosa fa al caso tuo. L'importante è solo che tu sia comoda.

Un altro cambiamento che può mettere in difficoltà è la crescita dei peli. Inizierai a notarli in posti che non ti aspettavi, come sotto le ascelle, sulle gambe e nella zona del pube. Per quanto possa sembrarti strano, anche in questo caso si tratta di un processo del tutto naturale. Alcune ragazze scelgono di eliminare i peli attraverso diversi metodi di depilazione, ma sta a te decidere se fa al caso tuo oppure no.

Infine, dovrai fare i conti con un fenomeno che coinvolge pressoché tutte le donne: il ciclo mestruale. Di questo parleremo meglio fra poco, in un capitolo dedicato.

In ogni caso, a prescindere dalle scelte che compi in questa fase, è importante capire che tutte le donne hanno attraversato questa fase proprio come lo stai facendo anche tu. Non c'è nulla di cui vergognarsi e niente deve essere un tabù: stai semplicemente diventando una donna, e quindi ciò che stai vivendo è normale e giusto.

6 - Anche la tua mente cambia

Oltre al tuo corpo, durante la pubertà noterai dei cambiamenti evidenti anche a livello mentale, e soprattutto emotivo. Anche se siamo tutte diverse e reagiamo alla pubertà in modo diverso, pressoché ogni ragazza attraversa un periodo di sbalzi emotivi non indifferenti, che possono cambiare molto da persona a persona. Questo è dovuto principalmente alle sostanze di cui parlavamo poco fa, gli ormoni, che hanno anche questo potere.

Ma c'è anche un'altra interessante motivazione, che dipende dalla struttura del tuo cervello: anche lui, infatti, si sta modificando. Alcune connessioni tra i neuroni stanno diventando più forti, mentre altre invece si stanno indebolendo. Questo significa che sarà più semplice acquisire nuove capacità, mentre altre invece non ti sembreranno più tanto interessanti. Per esempio, se prima la tua passione per gli animali ti aveva fatto desiderare di diventare una veterinaria, la tua nuova passione per lo spazio potrebbe all'improvviso far nascere il sogno di essere un'astronauta.

Questi cambiamenti nel nostro cervello avvengono durante tutta la vita, ma sicuramente sono molto più forti durante la pubertà. Il loro principale effetto è quello di causare dei grandi sbalzi d'umore, anche all'interno della stessa giornata. Per questo, potresti scoprire di sentirti più sicura di te, ma anche molto più insicura. Di volerti assumere improvvisamente molte più responsabilità per diventare più indipendente, oppure di voler passare più tempo in casa e in solitudine.

Magari invece i tuoi sbalzi d'umore saranno praticamente invisibili, e non te ne accorgerai nemmeno fino a quando non saranno già passati. Ognuna di noi ha le sue preferenze, quindi prenditi pure il tempo di riflettere su ciò che ti piace fare, su chi sei e su chi stai diventando.

7 - È ok avere paura

A questo punto, quindi, capirai bene che non c'è alcun motivo di avere paura del cambiamento, non è così? Dopotutto, come abbiamo appena visto, si tratta di un processo naturale, che va semplicemente accettato e accolto e che in molti casi può addirittura essere positivo.

Eppure, è più facile a dirsi che a farsi. Rimane sempre la paura, l'impossibilità di accettare quella novità che fino a qualche giorno prima non esisteva affatto.

Ovviamente, non è colpa tua. È normale sentirsi spaventati di fronte alle novità, e va bene così. Non c'è bisogno di scoraggiarsi solo perché si prova un po' di timore. Sarebbe più strano non provarlo affatto. Dopotutto, tutti amiamo ciò che ci è familiare e conosciuto. È più comodo così, e la comodità è qualcosa che cerchiamo costantemente. Il cambiamento, invece, ci costringe in una condizione di scomodità, e quindi ci spaventa.

Prendine semplicemente atto. Se il cambiamento è inevitabile, lo è anche il timore di ciò che è nuovo. Ma per fortuna, è ok avere paura. Puoi averla e accettarla, e nello stesso tempo provare con tutte le tue forze a non farti sconfiggere da lei.

8 - Impara a conoscerti e continua a farlo

Qual è il segreto per non farsi dominare dalla paura? Semplicemente conoscersi. Ormai è chiaro: cambierai, che tu lo voglia o no. Quindi tanto vale accettare questo cambiamento. Per farlo, la soluzione è quella di conoscersi, di imparare chi sei.

Si tratta sicuramente di una delle parti più difficili della crescita. Ci sembra di non capirlo mai del tutto, perché ogni volta che ci avviciniamo ad una risposta, questa sembra essere cambiata. Ma il punto è proprio questo: chi siamo si modifica in continuazione per adattarsi al passare del tempo. Il tuo corpo, la tua mente, le tue emozioni, il tuo senso di te cambiano in continuazione, ed è giusto così.

Permettiti di cambiare sempre, di crescere sempre. Conosciti ogni giorno: non finirai mai di farlo. Cerca sempre di scoprire qualcosa di nuovo su te stessa, e insegui sempre la versione di te che vuoi diventare.

In breve

♥ È semplice lasciarsi travolgere dalla sensazione che il cambiamento sia qualcosa di negativo, da ostacolare a tutti i costi. Tuttavia, è una parte inevitabile della vita. Anche in questo stesso momento, stai cambiando in modo permanente, per questo, riconosci che il cambiamento avviene costantemente a te e a chi ti sta intorno.

Preparati a tutto ciò che avverrà durante la pubertà, perché solo conoscendo in anticipo ciò che ti sta succedendo potrai affrontarlo senza paura. Ricordati di tenere sempre la mente aperta e ad accettare questo periodo come un semplice passaggio naturale: sfruttalo come occasione per conoscerti meglio e capire chi vuoi essere.

NOTE:

Esercizio 1:
Il controllo

La pubertà è una fase di grandi cambiamenti, sia fisici che emotivi, e non sempre abbiamo il controllo su tutto quello che accade al nostro corpo o alle nostre emozioni.

All'interno del cerchio più grande scrivi tutte le cose di cui hai controllo: ad esempio, il tuo comportamento, il modo in cui ti prendi cura di te stessa o le tue scelte alimentari.
Poi, nel cerchio più piccolo inserisci le cose su cui non hai controllo, come i cambiamenti fisici naturali, l'arrivo del ciclo mestruale o l'altezza.
Questo esercizio ti aiuterà a concentrarti su ciò che puoi gestire, accettando serenamente ciò che invece non puoi cambiare.

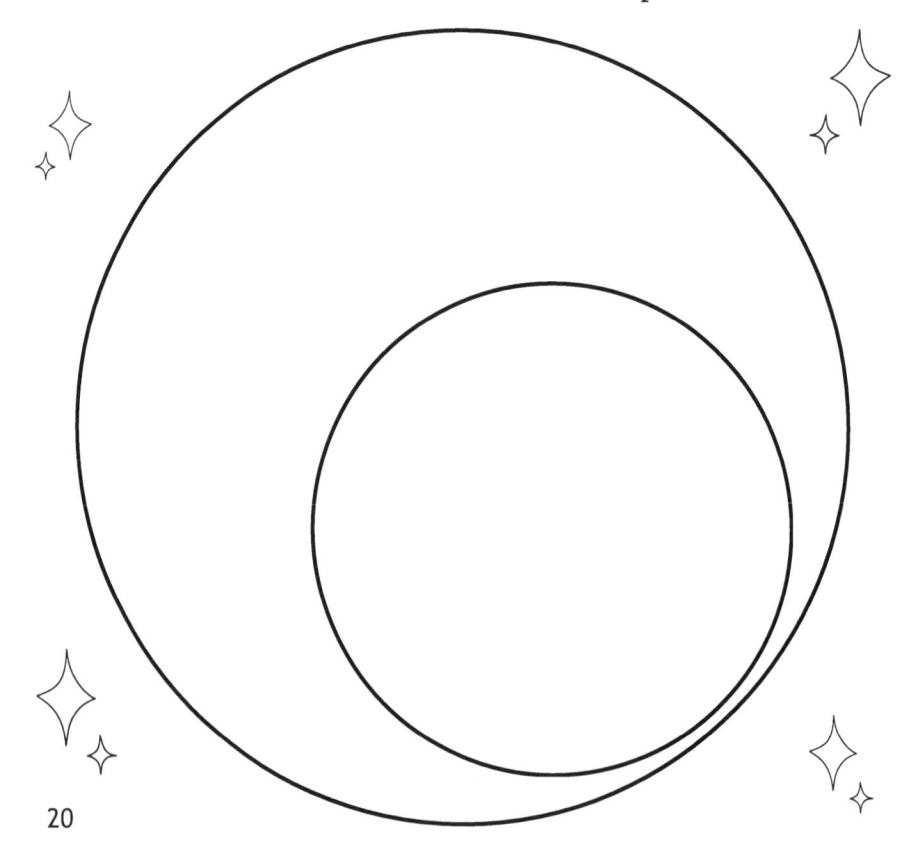

Capitolo 2.
Perché non sei come gli altri?

In questo capitolo imparerai che, anche se ti senti strana, tutti sono nella stessa situazione e anche tu sei perfettamente normale.

Come abbiamo detto nel capitolo precedente, una delle parti più difficili della crescita è proprio imparare a capire sé stesse. Riuscire a abbracciare ogni aspetto della propria personalità richiede tempo ed esperienza, e non ci sarà mai un momento in cui sarai pienamente consapevole di chi sei. Tuttavia, cercare di conoscersi è di per sé uno scopo importante da perseguire nella vita, perché ti permette di imparare a rispettare te stessa e a vivere la vita che davvero desideri.

Una parte importante della conoscenza di te stessa consiste nell'accettare chi sei e capire che sì, anche tu sei normale. Crescendo, è normale chiederti se sei normale, se anche gli altri si sentono proprio come ti senti tu, ed è altrettanto normale sentirsi soli nelle proprie esperienze. È quindi fondamentale comprendere che qualunque cosa tu stia vivendo non è solo una difficoltà tua. Tutti in un modo o nell'altro attraversiamo le stesse fasi del- la vita, caratterizzate dalle stesse difficoltà. E in effetti, crescere significa anche sentirsi diverse dagli altri per tutto il tempo. Prima capirai che non è così, meglio riuscirai a vivere la tua vita serenamente.

Per questo, i prossimi punti di aiuteranno a capire proprio quanto tu sia normale, così che tu possa vivere al meglio con questa consapevolezza.

9 - Siamo tutti nella stessa barca

La prima lezione da imparare è proprio questa: siamo tutti nella stessa barca.

Tutti ci chiediamo costantemente se siamo normali oppure no. Il fatto stesso che tu ti stia ponendo questa domanda dimostra proprio che sei normale. Chiunque, in qualunque momento e in qualsiasi posto, ha sempre avvertito la pressione di dover essere uguale ai propri pari e di dover a tutti i costi essere una persona "normale". Questo vale per chiunque, dalla tua compagna di classe particolarmente popolare a quella donna di successo che ammiri e a cui vorresti assomigliare.

Non ti resta quindi che prendere atto del fatto che tutti, ma proprio tutti, sono esattamente uguali a te. Ecco allora che da questo momento puoi iniziare a vedere le persone per come sono davvero, inclusa te stessa. Non c'è alcun bisogno di mettere proprio nessuno su un piedistallo, né di aspettarti troppo da te stessa.

Siamo tutti sulla stessa barca, e questo vuol dire che tutti abbiamo dubbi e paure.

10 - "Normale" è solo una parola

Che poi, cosa vuol dire "normale"?

Tutti noi cerchiamo in tutti i modi di poter usare questa parola per definirci, quando di fatto una definizione vera e propria non esiste affatto. Il nostro concetto di normale cambia tantissimo in base all'età, al gruppo di amici che stiamo frequentando in questo momento, alla situazione in cui ci troviamo.

Proprio per questo, pensandoci bene, non c'è un solo modo per essere normale, ma tanti normali diversi.

Prova a pensarci: quante volte tu e le tue amiche avete pensato ad uno scherzo che aveva senso per voi ma che nessun altro poteva capire? Nello stesso modo, quello che è normale per te potrebbe non esserlo per i tuoi genitori, oppure per una persona che si trova dall'altra parte del mondo.

Capire che la normalità in senso assoluto non esiste può aiutarti ad accettare te stessa e chi ti sta intorno. E se qualcosa, per quanto "normale" possa sembrare, non ti sembra giusto, allora probabilmente non è giusto per te, e non è quello il tuo normale. Ricordati sempre che questo concetto può cambiare, e che quindi cambia anche quello che è giusto per te in un particolare momento.

E non finisce qui: se incontri qualcuno che ti sembra strano, meno "normale", con tutta probabilità lui sta pensando esattamente la stessa cosa di te. Buone notizie, però: in realtà siete perfettamente normali tutti e due. Semplicemente, ognuno lo è a modo suo.

11 - Non sei da sola
Ma quindi, se ognuno è normale a modo suo, vuol dire che siamo tutti soli?

Assolutamente no. Il segreto sta nel trovare degli amici con cui puoi davvero legare, con cui essere te stessa. Insomma, degli amici che sono "normali" proprio come te. In questo modo, non solo l'amicizia sarà più semplice, ma potrai anche goderti di più la vita.

Se invece l'amicizia ti sembra forzata o devi fingere di essere qualcun'altra solo per far parte del gruppo, allora significa che quelli non sono gli amici che fanno per te. Questo naturalmente non significa che devi eliminarli del tutto dalla tua vita, ma semplicemente che devi an- cora trovare qualcuno che sia perfetto per te.

È chiaro, è più facile a dirsi che a farsi. Soprattutto se la tua definizione di normale non è in linea con quella della maggioranza potresti avere qualche difficoltà in più a trovare gli amici perfetti.

Non preoccuparti, è tutto ok. Dovrai semplicemente essere un po' più paziente nella ricerca. Nel frattempo, cerca sempre di tenere la mente aperta e di conoscere le altre persone senza pregiudizi. In questo modo, non sarai mai sola.

12 - Nessuno ti sta giudicando

Probabilmente, quando sbagli o fai qualcosa di strano, il tuo primo pensiero è: "Spero che nessuno mi abbia vista". Tutti lo pensiamo quando facciamo qualcosa di imbarazzante, ma in effetti non c'è nulla di cui preoccuparsi. Con tutta probabilità nessuno ti ha notata, e se anche lo hanno fatto è molto probabile che capiscano perfettamente cosa stai passando.

La verità è che la maggior parte delle persone sono troppo concentrate su sé stesse per preoccuparsi di te e di quello che stai facendo. Proprio come te, che sei concentrata sulla figura imbarazzante che hai appena collezionato, anche loro si stanno chiedendo come le persone intorno a loro stiano giudicando il loro comportamento.

Nessuno ti sta giudicando. Tranne te.

E allora, vuoi davvero continuare ad essere così severa con te stessa anche quando nessun altro lo è?

Impara a perdonarti. Invece di preoccuparti tutto il tempo di cosa gli altri stiano pensando, concentrati su quello che stai pensando tu. Dopotutto, gli altri molto probabilmente non stanno pensando proprio niente di speciale.

13 - Tu sei il tuo obiettivo

E dal momento che la maggior parte delle persone sono troppo concentrate su loro stesse per pensare a te, è il momento perfetto per focalizzare tutte le tue energie e tutto il tuo tempo su te stessa, sulla vita che vorresti vivere. Non su quella che i tuoi genitori vorrebbero per te, o quella che i tuoi amici ti spingono ad avere, ma quella che davvero desideri.

Fai il primo passo nella giusta direzione.

Non lasciarti condizionare da quello che la gente potrebbe pensare o non pensare. La maggior parte delle persone non sta neanche pensando a te, tanto per cominciare, quindi non ha senso sprecare energie preoccupandosene. Concentrale invece sul costruire qualcosa di positivo, per ottenere tutto ciò che vuoi.

In breve

Per conoscere te stessa è importante cercare di capire davvero cosa voglia dire "normale" per te e come questa definizione cambi con il tempo e con le diverse situazioni. Non c'è alcun bisogno di sforzarti eccessivamente: stai imparando, e come te stanno imparando anche tutti gli altri. Oltretutto, la definizione di normale cambia continuamente, e le persone sono comunque focalizzate su sé stesse per la maggior parte del tempo. Quindi, trova delle persone che siano normali proprio come te e concentrati sulla tua vita e su ciò che desideri, per quanto strana tu ti possa sentire.

NOTE:

Capitolo 3:
Scopri chi sei

In questo capitolo imparerai che bisogna scoprire i propri valori per poter vivere con le conseguenze delle proprie azioni.

I valori vengono generalmente definiti come quei principi che ognuno di noi considera i migliori per comportarsi in modo corretto. Sono insomma quegli ideali che muovono le nostre scelte, ciò che giudichiamo importante nella vita. Capire cosa siano i valori e come condizionino la nostra vita è fondamentale per ogni ragazza. Nonostante anche i valori cambino con il passare del tempo, infatti, ciò che hanno causato, le azioni che ci hanno spinto a compiere hanno degli effetti che durano nel tempo.

Se non hai alcuna idea di quali siano esattamente i tuoi valori, niente paura!

Ora potrai ricevere qualche consiglio utile su come definirli. D'altra parte, ti conviene iniziare subito a farlo. Se aspetti di diventare adulta potrebbe già essere troppo tardi. Conoscere i propri valori è fondamentale per creare un carattere forte e non commettere errori che potrebbero avere effetti terribili su tutto il resto della tua vita.

Detto questo, i valori che stabilisci in questo momento potrebbero anche non essere definitivi, e questo va benissimo. Scoprire in cosa credi è un percorso che dura tutta la vita e non dovresti mai arrenderti. Continua a impegnarti per scoprire te stessa in tutte le tue forme e tieni la mente aperta per adattarti ad ogni nuova esperienza. In questo modo potrai creare la vita che desideri.

14 - Solo tu puoi definire i tuoi valori

Il primo passo fondamentale è capire che solo tu puoi determinare i tuoi valori. Non importa quali siano quelli dei tuoi genitori oppure quelli dei tuoi amici: solo tu puoi sapere in cosa credi, perché solo tu dovrai conviverci. Solo completando questo percorso potrai agire in base alla tua visione del mondo.

Molti commettono l'errore di seguire ciecamente i valori di qualcun altro. Molti ragazzi seguono semplicemente quello che gli viene detto senza pensarci due volte, per esempio copiando gli ideali dei propri genitori o imitando le scelte e le azioni dei propri amici. E a volte funziona anche.

Altre volte invece le conseguenze sono tutt'altro che positive. Quando alla fine si diventa adulti emerge chiaramente il fatto che non abbiamo affatto seguito i nostri desideri, quello in cui credevamo davvero, ma quelli di qualcun altro. E allora, non è forse meglio saperlo per tempo?

Naturalmente questo non significa che non devi assolutamente seguire gli insegnamenti dei tuoi genitori. È importante anche seguire i consigli di chi ne sa più di te, perché ha più esperienza. Tuttavia, non dovresti semplicemente aderire a quello che ti viene detto senza riflettere. Valuta ciò che ti viene insegnato, rifletti e poniti delle domande per capire cosa significhi per te. Quindi adotta solo quei comportamenti che ti sembrano in linea con ciò in cui credi veramente.

15 - Ascolta i consigli...
Come abbiamo appena detto, è fondamentale ascoltare i consigli di chi ti è vicino, che siano i membri della tua famiglia oppure i tuoi amici. Chi è più vecchio di te potrebbe essere anche più saggio, e comunque una prospettiva diversa è sempre utile per capire qualcosa in più di quello che avresti capito da solo, soprattutto riguardo a cose di cui non hai alcuna esperienza.

Per esempio, è un'ottima idea chiedere aiuto ai tuoi genitori se hai un dubbio etico. Potresti chiedere anche ad un insegnante, o ad un amico. Anzi, meglio ancora: potresti chiedere a tutti quelli che conosci. Ascoltare tante storie diverse, tante prospettive diverse, potrebbe essere la chiave per schiarirti le idee. E anche se chiedere a così tante persone potrebbe sembrarti esagerato, in questo modo puoi avere una visione più ampia del problema e capirne qualcosa in più. Di conseguenza i tuoi valori saranno ben più estesi e consapevoli.

Insomma, per quanto imbarazzante possa essere a volte chiedere aiuto, non esitare a farlo.

16 - ...ma non avere paura di ascoltare te stessa
Per quanto tutto ciò che abbiamo appena detto sui consigli sia assolutamente vero, tuttavia non devi mai avere paura di andare per la tua strada, se necessario. Alcuni consigli saranno meravigliosi e perfetti per la situazione

in cui ti trovi, mentre altri potrebbero essere cattivi o più semplicemente inutili in quel determinato contesto.

Se ti sembra che un consiglio sia poco utile o che non sia giusto per te, non avere paura a cambiare direzione. Questo non significa che la discussione sia stata un fallimento, o che la persona a cui hai chiesto non sia valida. Al contrario, molto probabilmente quella conversazione è riuscita comunque a stringere il legame che avevi con la persona con cui ti sei confrontata. Oltretutto, un consiglio che può sembrare sbagliato in un momento potrebbe rivelarsi quello giusto il momento successivo.

Chiedere consiglio, quindi, è sempre utile, anche se poi decidi di seguire un'altra strada, ascoltando te stessa e ciò che il tuo istinto ti dice.

17 - Fidati del tuo istinto

Decidere se seguire un consiglio o meno potrebbe non essere sempre così semplice. A volte la risposta ti sembrerà ovvia, mentre altre avrai sentimenti contrastanti. Sfortunatamente, capire cosa fare non diventa automaticamente più semplice con il passare degli anni.

Come fare allora a capire quando seguire un consiglio e quando invece andare per la tua strada?

Semplice, fidandoti del tuo istinto.

Nove volte su dieci, la tua pancia potrebbe darti la risposta esatta. Se sei indecisa, prova a non pensare alle opzioni, alle possibilità e alle conseguenze, ma semplicemente a come quella decisione ti fa sentire. Zittisci il tuo cervello e di' semplicemente quello che senti, senza riflettere: quello è il tuo istinto, ed è ciò che dovresti seguire in tutte quelle situazioni in cui sei semplicemente troppo confusa su cosa fare.

Impara anche a riflettere su quello che provi. Perché il tuo istinto ti ha dato proprio quella indicazione? Perché ti senti così?

Ragionare sulle motivazioni alla base dei tuoi sentimenti sarà un'arma fondamentale nel determinare i tuoi valori e soprattutto nel seguire la strada giusta quando si tratta di capire cosa sia meglio fare.

18 - Impara dall'esperienza

Ci sarà sicuramente un momento nella tua vita, anche domani stesso magari, in cui parlerai con qualcuno che ha una visione del mondo che per te non ha alcun senso. Capita a tutti prima o poi.

Invece di arrabbiarti e cercare di far cambiare posizione al tuo interlocutore, prova invece a ricordare che i valori dipendono sempre dalle esperienze. Questo significa che ognuno di noi è quello che è soprattutto in base a ciò che ha vissuto, agli eventi che gli sono capitati, alle persone che ha incontrato. In altre parole, c'è sempre un motivo alla base di ciò in cui crede.

Ricordando sempre questo dato di fatto, sarà più semplice per te comprendere gli altri, accettarli e soprattutto cercare di mantenere sempre una mente aperta quando parli con qualcuno di diverso da te, con valori differenti e un'altra visione del mondo. Questo naturalmente non significa che devi essere tu a cambiare idea: i tuoi valori sono solo tuoi, e dipendono da quello che tu hai vissuto. Significa semplicemente trattare l'altra persona con lo stesso rispetto che vorresti ricevere tu.

Questo legame dei valori con l'esperienza è particolarmente interessante anche da un altro punto di vista: può essere infatti un valido aiuto per identificare i tuoi valori. Nel momento in cui riesci ad isolare un valore in cui credi, prova anche a chiederti perché hai scelto proprio quello: cosa nella tua vita ti ha portato a pensare ciò che pensi?

Questo tipo di domande può aiutarti a capire te stessa ancora di più e a migliorare giorno per giorno il tuo sistema di valori.

Allo stesso tempo, chiediti anche cosa risponderebbe una ragazza completamente diversa da te, con altre esperienze di vita. Sarebbe d'accordo con te oppure no? Questo tipo di riflessioni può aiutarti a mettere i tuoi valori in prospettiva, e a capire che anche se per te sono fondamentali, non sono assoluti e non devono per forza valere per tutti.

In breve

♥ I valori sono una parte fondamentale della vita. Una donna senza valori è come una barca senza remi: non può navigare. Conoscere quali siano i tuoi valori e come possono modificare la tua vita è una parte fondamentale della crescita e del conoscere te stessa. Ciò nonostante, capire quale sia la strada giusta non è sempre così semplice, e la risposta non sarà sempre davanti ai tuoi occhi. È importante chiedere aiuto a chi ti è vicino, ma anche seguire il tuo istinto e fare ciò che è più giusto per te. Non avere paura di ascoltare gli altri, ma nemmeno di ascoltare te stessa. Ogni opinione può essere giusta, e ognuno può dare il proprio contributo.

NOTE:

Esercizio 2:
Il mio riflesso interiore

Guardarsi allo specchio va oltre l'aspetto fisico;
è un'opportunità per riflettere su chi siamo e cosa desideriamo.

1. Io sono: descrivi la tua personalità e tratti unici;
2. Io posso: indica una tua capacità o talento;
3. Io faccio: condividi una tua abitudine positiva;
4. Io voglio: esprimi un sogno o obiettivo che desideri realizzare.

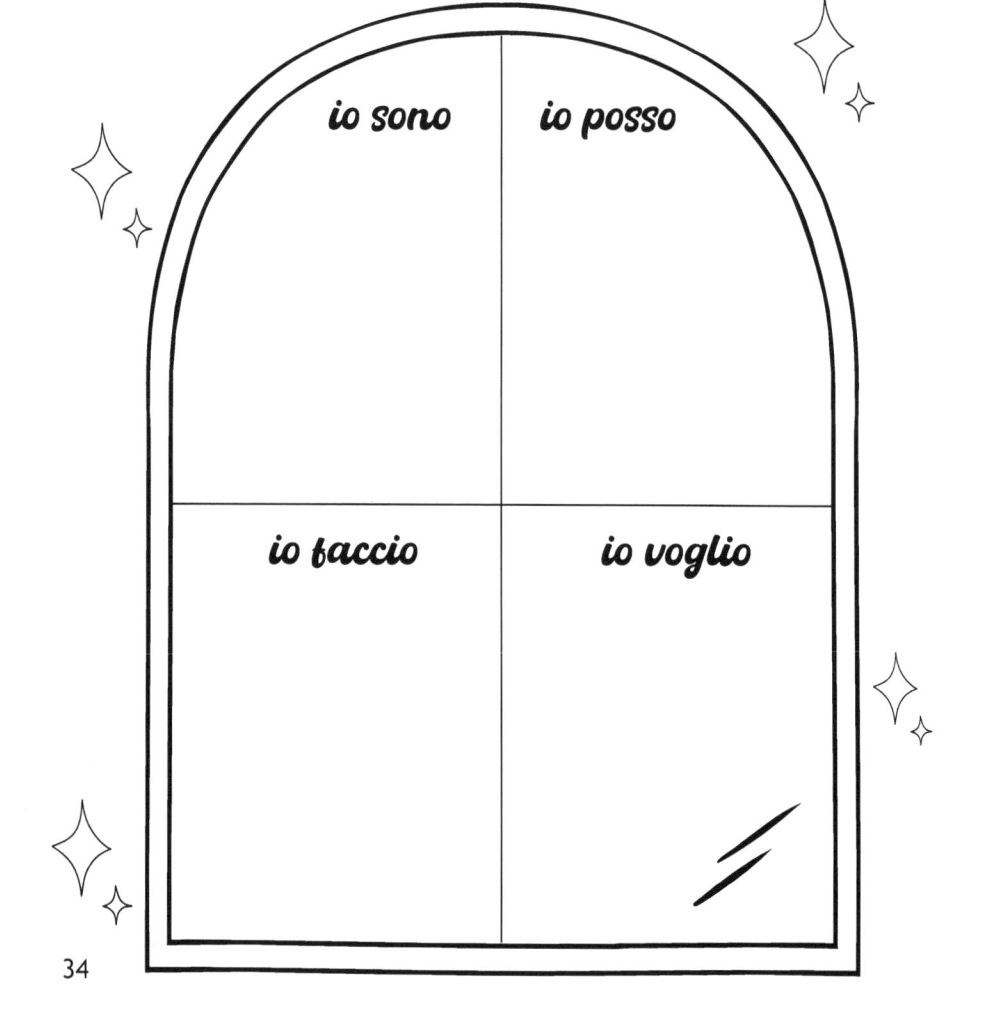

Capitolo 4:
La salute mentale è una cosa seria

In questo capitolo imparerai che la salute mentale è la cosa più importante in assoluto: non puoi essere felice se non te ne prendi cura.

Quando si tratta di conoscere sé stessi, un elemento che tanti dimenticano di prendere in considerazione è la salute della nostra mente. Certo, tutti cerchiamo di prenderci cura del nostro corpo (e ne parleremo tra poco), ma in quanti si prendono cura anche dei propri sentimenti e delle proprie emozioni?

Fortunatamente, di recente molti hanno iniziato a sottolineare l'importanza della salute mentale, e ci sono moltissime fonti di informazione dedicate proprio a questa tematica e ai problemi che potresti dover affrontare.

E infatti, il percorso alla scoperta della salute mentale inizia da giovani. Se impari fin da ora tutte le tecniche per prenderti cura della tua mente e per imparare a gestire lo stress, quando sarai più grande lo saprai già fare, e potrai avere una qualità di vita decisamente superiore.

19 - Prenditi sul serio

In passato la salute mentale è stata ampiamente trascurata ed è sempre stata considerata un segno di debolezza. Eppure le malattie mentali, dalle più lievi alle patologie vere e proprie, sono davvero molto comuni e hanno un impatto significativo sulla vita delle persone.

Non solo la qualità della vita è molto più bassa perché non sei in grado di apprezzarla pienamente, ma potresti anche finire per farti del male. Questo tipo di comportamenti inevitabilmente ha un effetto negativo non solo su di te, ma anche su chi ti sta intorno, dal momento che ti vedono soffrire senza poter fare nulla per aiutarti. Inoltre, nella maggior parte dei casi i problemi che riguardano la tua salute mentale finiscono per ripercuotersi anche sulla tua salute fisica, o potresti farti del male.

Naturalmente non stiamo dicendo tutto questo per spaventarti, ma semplicemente per farti capire che la salute mentale è davvero una cosa seria e che non deve assolutamente essere sottovalutata. Dovrai dedicare ad essa la stessa cura e attenzione che riservi alla tua salute fisica, perché le conseguenze negative potrebbero essere altrettanto gravi.

20 - Impara a curarti per stare bene

Il primo passo consiste nel rendersi conto che la salute mentale dipende anche da come ti comporti nella vita di tutti i giorni, e soprattutto da come tratti il tuo corpo.

Per esempio, se non esci mai dalla tua stanza, non stai mai all'aria aperta e mangi solo cibo spazzatura, anche la tua salute mentale subirà dei danni diretti. Questo dipende dal fatto che stai impedendo al tuo corpo di produrre gli ormoni (quelle sostanze di cui abbiamo parlato poco fa) che gli servono per rimanere sano ed efficiente.

Viceversa, anche il modo in cui tratti la tua mente ha un impatto diretto sul tuo corpo. Pensa alle malattie più comuni, come per esempio i disturbi alimentari o l'obesità: un problema che esiste nella mente si riflette direttamente sul corpo.

Questo significa che la cura del corpo e quella della mente devono andare di pari passo e hanno la stessa importanza. Se presti attenzione solo ad una di queste due componenti, non ti stai davvero prendendo cura di te stessa.

Inoltre, se ti accorgi che qualcosa non va in una delle due sfere, prova a chiederti se stai facendo tutto nel modo corretto per quanto riguarda l'altra. Per esempio, se ti senti particolarmente stressata, prova a chiederti se stai bevendo abbastanza acqua o se stai mangiando nel modo corretto. Molte volte la soluzione è più vicina di quanto potresti pensare. Questo naturalmente non significa che solo mangiando bene o facendo sport possiamo curare malattie mentali diagnosticate, tuttavia potrebbe essere un elemento fondamentale per stare meglio e sentirti meglio.

21 - Calma la tua voce interiore

Uno dei motivi più frequenti per cui potresti sentirti in difficoltà dal punto di vista mentale è la "voce interiore", vale a dire il modo in cui parli con te stessa, nella tua mente.

Prova a pensarci: quante volte ti ripeti che non sei abbastanza brava, o che stai fallendo in tutto? Se è così, la tua voce interiore sta creando un problema che potrebbe avere conseguenze molto difficili da gestire. Proprio per questo è importante imparare a controllare la propria voce interiore, impedendole di buttarci giù.

Come puoi fare?

Prova a sostituire i pensieri negativi con quelli positivi. All'inizio sarà molto difficile, e spesso ti sentirai a disagio, scomoda. Anche se fosse così, però, non arrenderti. Impara a parlare a te stessa in modo positivo. Domandati sempre: lo direi anche ad una mia amica? Non criticheresti mai qualcuno a cui vuoi bene in modo così duro, quindi non farlo nemmeno a te stessa.

Insomma, l'obiettivo è avere un'amica dentro di te, una voce gentile che ti spinga a fare sempre meglio e a credere in te stessa. Questo non vuol dire mentirsi o ignorare i propri difetti, ma prenderne atto in modo costruttivo, senza considerarli fallimenti.

22 – Gestisci lo stress

Un altro motivo per cui potresti sentirti in difficoltà è lo stress.

Non importa quanti anni tu abbia, lo stress farà sempre parte della tua vita, dalla nascita alla vecchiaia. È parte integrante della nostra mente e del nostro corpo, e può essere causa di moltissime malattie. Pensa che può portare a costanti mal di testa e ansia, fino a problemi al cuore, asma e depressione. Dato che i suoi effetti posso- no essere tanto gravi, vale la pena di imparare a gestirlo nel modo corretto fin da subito.

Ci sono moltissimi modi in cui puoi provare a gestire i tuoi livelli di stress. Innanzitutto, cerca di non procrastinare e di sfruttare al massimo il tempo che hai a disposizione, così da non dover fare troppe cose troppo velocemente. Puoi inoltre allenarti con esercizi di respirazione specifici, o scrivendo un diario in cui descrivi tutto ciò che ti preoccupa. Infine, ricordati di fare sempre esercizio: muoversi è davvero utile per liberarsi dello stress.

Qualunque sia il metodo che scegli per combattere lo stress, l'importante è solo che sia sano, positivo ed efficace. Ci sono tantissimi modi per superare i momenti più difficili senza per forza ricorrere a mezzi poco salutari, come per esempio ingozzarsi di schifezze. Ricordati sempre che questo tipo di vizi sul lungo periodo non fanno altro che peggiorare la situazione.

23 - Non avere paura di chiedere aiuto

Purtroppo, bisogna ammettere che non sempre i trucchi di cui abbiamo appena parlato funzionano. A volte non c'è proprio modo di risolvere il problema da sole, e anche in questo caso non c'è nulla di male.

È importante capire quando questi momenti arrivano, e ricordarsi che non bisogna avere paura di chiedere aiuto se ne abbiamo bisogno. Solo perché sei una ragazza, questo non significa che i tuoi problemi non siano importanti o che non puoi capire nulla solo perché sei giovane. Avere bisogno di aiuto non significa essere deboli o poco intelligenti, ma solo essere normali.

Di conseguenza, nello stesso modo in cui chiederesti ad un allenatore di spiegarti come segnare il punto vincente con maggiore facilità, chiedi ad un professionista di aiutarti e segui i suoi consigli senza perderti d'animo. Parlane sempre con i tuoi genitori o con i tuoi insegnanti, in modo che anche loro possano spiegarti come gestire la situazione al meglio. E soprattutto, non vergognarti mai di provare dei sentimenti: sei un essere umano, e quindi la tua salute mentale conta.

In breve

♡ Avere cura della tua salute mentale è importante tanto quanto la tua salute fisica. È importante prendere sul serio qualunque segnale il tuo corpo ti stia mandando, rispettarlo e imparare a superare i problemi che hai la forza di superare da sola. In tutti gli altri caso, non avere paura di chiedere aiuto quando ne hai bisogno.

NOTE:
....
....
....

Esercizio 3:
Gestisci lo stress

COSA MI PREOCCUPA?

....
....
....
....

QUALI RISORSE HO PER GESTIRE QUESTA SITUAZIONE?

....
....
....

NONOSTANTE QUESTO, NON POSSO FARE A MENO DI SORRIDERE QUANDO...

....
....
....

Capitolo 5:
Pensa nel modo giusto

In questo capitolo imparerai a sfruttare al meglio la tua crescita, pensando nel modo migliore per raggiungere i tuoi obiettivi.

La cosa più importante che puoi imparare in questi anni è come avere la giusta prospettiva sulla vita. Un atteggiamento di crescita è fondamentale per accettare i propri errori e utilizzarli come motore per andare sempre avanti, anche quando il gioco si fa duro. Se anche dovessi ricordare una sola cosa di questa prima sezione del libro, fa che sia questa: impara ad avere un atteggiamento pronto alla crescita.

Ma cosa significa questa frase?
Siamo parlando di un atteggiamento per cui l'intelligenza, il talento e le abilità sono caratteristiche che possono essere imparate, e che quindi si possono ottenere grazie al duro lavoro e all'impegno. E così, mentre gli altri cercano di rimanere sempre uguali a sé stessi, combattendo contro il cambiamento e cercando di resistere agli imprevisti, una ragazza che mantiene questo atteggiamento è in grado di sfruttare tutti questi elementi per migliorare e diventare sempre più intelligente e capace.

Non ci credi? E invece diversi studi hanno dimostrato che gli studenti che tengono a mente questo semplice concetto sono tipicamente quelli che riescono ad ottenere i voti migliori e ad avere successo anche fuori dalla scuola. Capisci bene, quindi, che si tratta assolutamente di un passaggio fondamentale.

24 - Non lasciare a casa la testa

Prima di approfondire nel dettaglio il concetto di atteggiamento pronto alla crescita, bisogna prendere atto di un dato fondamentale: la tua mente è sempre con te.

"Ovvio", dirai tu. "Non posso certo lasciare a casa la testa quando esco di casa."

Questo è vero, se non altro in senso letterale. Ma quanto spesso, invece, è proprio quello che accade? Quanto spesso semplicemente ci dimentichiamo di quanto la nostra mente sia importante per capire quello che ci sta succedendo e soprattutto per elaborarlo?

Per questo, se davvero hai intenzione di vivere la vita migliore possibile, una delle prime cose da fare è imparare ad essere consapevoli della propria mente, e quindi del proprio atteggiamento mentale. Se riesci a sviluppare un pensiero sano, questo ti accompagnerà tutti i giorni, dalla mattina alla sera.

Questo vuol dire che a prescindere dal tipo di errori che potresti commettere o delle sfide che potresti incontrare sul tuo cammino, sarai sempre pronta ad affrontarle come occasioni per migliorare e non come ostacoli. Sarai quindi più portata a credere di poter raggiungere i tuoi obiettivi e affronterai la tua vita quotidiana con entusiasmo e fiducia in te stessa.

25 - Non cambiare mai idea non è mai una buona idea

Come abbiamo appena detto, un atteggiamento di chiusura nei confronti del cambiamento ti impedisce di sviluppare le tue capacità. È quel tipo di mentalità che ti fa credere che i tuoi errori dipendano dal fatto che sei tu ad essere una fallita, e che quindi questo stato di cose non può cambiare in nessun modo.

E in effetti, sono davvero molti i problemi causati da un atteggiamento di chiusura. Tanto per cominciare provoca un senso di delusione e insoddisfazione nella vita: dopotutto, la tua mente ti sta ripetendo in continuazione che non sei abbastanza brava, e questo a lungo anda- re crea delle conseguenze. In secondo luogo, fa sentire meno sicure di sé e quindi meno soddisfatte, per quanto magari nessuna delle cose che pensiamo è vera.

26 - Le persone chiuse non hanno successo

Le persone con un atteggiamento di questo tipo saranno quindi portate ad avere meno successo a scuola, e in seguito a lavoro. Non cercheranno mai di essere l'eccellenza, accontentandosi sempre della mediocrità. Lasceranno perdere tutte le opportunità che incontrano, credendo di non essere abbastanza e di non poter ottenere nulla di più di quello che hanno.

E anche le relazioni con gli altri verranno condizionate in modo negativo. Se ti consideri una cattiva amica, ben presto inizierai ad accompagnarti a persone che repu- ti tuoi pari, e che quindi sono a loro volta cattivi amici. Questo naturalmente non porta alcuna gioia, ma solo una grande insoddisfazione.

Insomma, tutti questi esempi dimostrano quanto un atteggiamento di chiusura possa essere deleterio e quanto vada evitato a tutti i costi.

27 - Pensa a crescere, e vinci

Se invece vuoi avere successo nella vita, se vuoi continuare a migliorarti e a raggiungere i risultati che speri, allora la cosa migliore è avere sempre un atteggiamento aperto, portato alla crescita e pronto al cambiamento.

Attraverso una mentalità che ti porta sempre a volere qualcosa in più, anche i tuoi talenti, le tue capacità e le tue caratteristiche miglioreranno di conseguenza. In questo modo potrai imparare dai tuoi errori e diventare una persona migliore.

E questo ragionamento vale anche per l'intelligenza: anche lei può crescere.

Moltissimi studenti fanno fatica a scuola semplicemente perché credono di non essere abbastanza bravi, abbastanza intelligenti, per farcela. Di conseguenza, non si impegnano neanche, pensando che tanto non ha alcuna importanza impegnarsi se non si hanno comunque le capacità per raggiungere il proprio scopo.

E non c'è nulla di più sbagliato. Il cervello umano cambia continuamente, e in ogni istante si creano nuovi collegamenti tra i neuroni, ovvero le cellule che ne fanno parte. L'intelligenza non è uno stato di cose, ma un muscolo che può essere allenato per diventare sempre più forte e pronto a reagire alle sfide. Quindi, non dimenticarti mai di allenarti.

28 - Gli errori sono una cosa buona
Un'altra lezione molto importante da ricordare, ma anche una delle più difficili, è questa: gli errori sono una cosa buona.

Certo, questo potrebbe sembrarti folle, eppure è la verità. Gli errori sono di rado una cosa cattiva. Al contrario, ti offrono un'opportunità per imparare, migliorarti e pensare in modo più creativo.

La prossima volta che commetti un errore, prova a non arrabbiarti e a non darti dell'incapace. Cerca invece di pensare all'errore e al perché non era la strada giusta. Se non sei in grado di trovare la risposta da sola, prova a chiedere ai tuoi genitori o ad un insegnante.

A questo punto, non ti resta che imparare. Impara quali sono i motivi per cui ti sei comportata in un determinato modo, così da non ricommettere lo stesso errore due volte. Sei già una persona migliore di quando hai sbagliato.

29 - Sei la tua migliore amica
Infine, ricordati sempre di parlare a te stessa in modo positivo.

Ne abbiamo già parlato in un capitolo precedente: l'ultima cosa da fare è criticarti tutto il tempo, senza pensare in modo costruttivo. Questo atteggiamento fa male alla mente e anche al corpo, e per quanto sia difficile controllare i propri pensieri è importante cercare di imparare a farlo.

Con un atteggiamento positivo, parlandoti sempre come faresti con un'amica, puoi invece affrontare ogni situazione nuova da una prospettiva diversa, più oggettiva e concreta. Proverai quindi meno paura, e potrai muoverti con più fiducia in te stessa, sapendo fin da subito che sei perfettamente in grado di imparare cose nuove e di non lasciarti ostacolare da un semplice errore.

Anche quando la tua voce interiore cerca di buttarti giù, ricordati sempre di qualche difficoltà che hai già superato, di qualche errore che hai corretto o di una gara che hai vinto, e ricordati: se l'hai fatto una volta, puoi farlo di nuovo.

In breve

💗 Per avere successo nella vita, la cosa più importante è avere sempre un atteggiamento positivo. Una mentalità concentrata sulla crescita ti permetterà di adattarti ad ogni situazione, di imparare dai tuoi errori e di migliorarti ogni singolo giorno.
Puoi imparare a fare ciò che vuoi, non dimenticarlo. Diventa la versione migliore di te stessa, e cerca di aiutare anche gli altri a farlo.

NOTE:
....
....
....
....

PARTE 2:
Il tuo corpo

Capitolo 6:
Il tuo corpo è tuo amico

In questo capitolo imparerai quanto è bello il tuo corpo e quanto è importante volergli bene.

Durante l'adolescenza il tuo corpo cambierà moltissimo. Se già è difficile per tutti accettare il proprio corpo come è, farlo è ancora più complicato quando ogni giorno ti sembra di avere un fisico diverso da quello di prima. Dovrai quindi imparare a capire e accettare questi cambiamenti per prenderti cura del tuo corpo al meglio.

È normale, soprattutto durante gli anni dell'adolescenza, sentirsi costantemente a disagio dentro al proprio corpo, che ci sembra quasi come un estraneo: e in un certo senso lo è, visto che fino a qualche mese prima eravamo completamente diversi. Ciò nonostante, è importante capire che questi sentimenti sono corretti ma sono anche mal indirizzati: il fatto di non conoscere (ancora) il nostro nuovo corpo non deve impedirci di accettarlo comunque per come è.

30 - Hai solo un corpo, ed è speciale
Partiamo da un presupposto fondamentale: per quanto durante la tua vita tu possa crescere e cambiare, il tuo corpo non ti abbandonerà mai. Tutto intorno potrà modificarsi, ma avrai sempre un solo corpo: il tuo.

È tuo dovere quindi prenderti cura del tuo corpo, permettergli di essere sano e forte per più tempo possibile. E interessarti ad esso è molto più semplice se lo accetti per come è e lo rispetti. Davvero tante persone, di tutte le età, perdono moltissimo tempo ad odiare il proprio corpo e a sperare di averne uno diverso. Questo atteggiamento è non solo un grande spreco di energie, ma non serve a nulla e ti impedisce di avere rispetto di te stesso.

Pensa invece a tutto quello che il tuo corpo fa per te. Ti aiuta a correre, a divertirti, a dormire, a compiere qualunque azione desideri. Ringrazialo per quello che fa e apprezzalo per le possibilità che ti offre, perché non potresti vivere tante cose belle della vita senza di lui.

31 – Concentrati sulla tua autostima

La tua autostima è l'opinione che hai di te stessa. Non si tratta solo di imparare a piacerti davvero, ma anche essere in grado di amarti, rispettarti e valorizzarti. Se hai un'autostima alta, questo significa che credi nelle tue idee, nelle tue opinioni e nei tuoi sentimenti: credi che valgano. Solo provando questo sentimento sei davvero in grado di diventare la donna che desideri essere.

Ma come è possibile sviluppare un'alta autostima?
Si tratta essenzialmente di un atteggiamento mentale. Abbiamo già parlato della capacità di vedere gli errori come opportunità, e questo processo ne è una conseguenza naturale: con un'alta autostima sei in grado di avere una prospettiva più ampia sul mondo e accettare anche le cose che sono fuori dal tuo controllo.

Questo atteggiamento è fondamentale perché ti aiuta a superare lo stress, gestire l'ansia, riuscire a comportarti come desideri anche quando sei sotto pressione. Oltretutto, sei più pronta ad affrontare le sfide e a superarle.

Per fare questo, inizia con le cose in cui sei brava, e concentrati su quelle. Sicuramente ce ne saranno tante: prova ad elencarle tutte. Non importa quali siano i tuoi talenti, dovresti sempre essere fiera di quello che sei in grado di fare. Magari sei la ballerina più brava della tua classe, o la nuova campionessa di apnea. Chiedi anche ai tuoi amici e alla tua famiglia quali sono i tuoi talenti e concentrati su quelli.

Una volta capito cosa sai fare, cerca di proporti degli obiettivi che puoi davvero raggiungere. Avere delle aspettative troppo alte non può certo aiutarti a vivere serena. Questo non significa che devi rinunciare ai tuoi sogni: semplicemente cerca di frazionarli in obiettivi più raggiungibili.

Ma soprattutto, cerca di accettarti in tutto e per tutto. Ognuno di noi ha delle caratteristiche tutte sue, ed è proprio questo che ci rende unici. Non dovresti mai fingere di essere qualcuno che non sei o nascondere degli aspetti della tua persona semplicemente per essere accettata da chi ti sta vicino. Scopri invece cosa ti rende unica e urlalo al mondo.

32 - Amati sempre, anche quando stai cambiando

Questa riflessione sull'autostima ci porta ad una conclusione finale: impara ad amare te stessa, in tutto e per tutto.

Lo abbiamo già detto: la tua maggiore critica sei proprio tu. Non importa quanto spesso la tua famiglia, i tuoi amici e le persone che ti conoscono ti facciano dei complimenti oppure ti ripetano quanto vali: tutto questo non avrà alcuna importanza finché non sarai tu stessa a capire quanto sei speciale.

E questo percorso inizia innanzitutto con l'accettare il proprio corpo, a prescindere da come è. Purtroppo questa relazione non è mai semplice, e ne parleremo più nel dettaglio in un capitolo alla fine del libro. Oltretutto è normale che durante l'adolescenza ci sia una sorta di "ossessione" nei confronti del proprio aspetto fisico, soprattutto dato che si tratta di qualcosa in costante mutamento e sempre nuovo.

E se ci pensi bene, questo è perfettamente normale: le tue cellule vengono sostituite continuamente, ricordi? Il corpo che conosci in questo momento sarà completamente diverso tra soli sette anni. E durante l'adolescenza questi cambiamenti non fanno altro che diventare ancora più evidenti.

Tuttavia, il tuo corpo continuerà a cambiare anche quando l'adolescenza sarà passata e per tutti gli anni a venire. Pensa per esempio a quando diventerai mamma, o addirittura nonna: il tuo fisico si svilupperà sempre più velocemente, tanto che avrai l'impressione di non essere nemmeno più tu.

Quando questo accadrà, cerca di ricordare questo preciso momento, quello in cui hai imparato ad accettare che tutto cambia, che è inevitabile e che tu puoi e devi accettarlo. I tuoi cambiamenti sono semplicemente parte integrante del fatto che il mondo intero cambia, ed è giusto quindi accettare il proprio corpo per come è fatto, in modo naturale.

Guardandoti allo specchio, quello che dovresti fare non è chiederti come sei fatta, ma semplicemente chi sei. È questo ciò che deve interessarti maggiormente: tutte le preoccupazioni che derivano dal tuo aspetto possono svanire di fronte alla consapevolezza che tu vali molto, che sei speciale, e che sei una persona importante.

33 - Il peso è solo un numero

Uno dei cambiamenti più difficili da accettare, soprattutto nella cultura in cui viviamo, è quello del proprio peso.

Tutti noi vogliamo avere un peso sano, che ci permetta di vivere bene e di evitare determinate malattie. Cerca però di ricordare che il peso è solo un numero, e che ciò che davvero importa è sentirsi bene, sia a livello fisico che a livello mentale.

Concentrarsi solo sul peso, su un semplice numero, non ti aiuta affatto, e non è nemmeno un indice di quanto sei sana. Prova a pensarci: i muscoli pesano più del grasso. Alcune persone sono molto magre e in forma e pesano comunque di più di altre che si allenano di meno, e questo semplicemente a causa del peso differente delle masse che il nostro corpo contiene. Quindi non fidarti solo di quel numero che leggi sulla bilancia.

34 - Affidati ad un esperto

Se invece proprio non riesci a liberarti della sensazione che qualcosa non vada, perché non ti levi il dubbio? Prova a parlarne con il tuo medico. Un professionista è sicuramente in grado di dirti con precisione se il tuo peso è corretto oppure no, ed eventualmente come fare per migliorare il tuo stato di salute. In questo modo eviterai anche di commettere errori, come per esempio scegliere diete discutibili, sviluppare un rapporto malsano con il cibo, o rovinare il rapporto che hai con te stessa.

Infine, ricordati sempre che anche se il medico dovesse dirti che per la tua salute è importante perdere qualche chilo questo non significa che il tuo corpo non valga nulla o che sia da buttare. Tu sei più del tuo peso, e sei importante a prescindere da quanto alto o quanto basso sia quel numero sulla bilancia. Cerca semplicemente di essere più sana possibile, col solo scopo di sentirti meglio.

35 - Impara a prenderti cura del tuo corpo

Dal momento che hai un solo corpo, impara fin da ora a prendertene cura nel modo corretto. Non è mai troppo presto per cominciare, mentre a volte potrebbe rivelarsi troppo tardi. Una volta diventata adulta potresti scoprire che le tue articolazioni o la tua pelle (per fare alcuni esempi) sono più "affaticati" di quanto dovrebbero.

Ci sono moltissime azioni che puoi svolgere tutti i giorni per prenderti cura del tuo corpo e mantenerlo sano e forte. Puoi nutrirlo nel modo corretto, con una sana alimentazione, dormire a sufficienza e fare attenzione ai segnali che ti manda. In ogni istante, infatti, il tuo corpo comunica direttamente con te per chiederti ciò di cui ha bisogno: ascoltalo e saprai cosa fare.

Prestare attenzione è importante anche perché le necessità del corpo non rimangono sempre uguali a loro stesse. Per esempio, durante l'adolescenza occorre dormire di più rispetto ad un adulto, e ancora di più rispetto ad un anziano.

È inutile mentire: all'inizio prendersi cura del proprio corpo può sembrare un impegno piuttosto noioso. Vedrai però che ben presto potresti anche prenderci gusto e trovarlo divertente. È in ogni caso un esercizio utilissimo e il tuo corpo ti ringrazierà, proprio come tu lo stai ringraziando occupandoti di lui e dandogli il meglio.

In breve

♥ È importante avere un buon rapporto con il proprio corpo, perché è solo uno e ci accompagnerà per tutta la vita. Dobbiamo essere grati per ciò che il nostro corpo ci permette di fare, invece di concentrarci solo sui suoi difetti e odiarlo senza motivo. Cerchiamo quindi di ringraziarlo prendendocene cura e rimanendo sempre sani e forti. Questo ci aiuterà non solo a stare meglio, ma anche ad avere un'autostima più alta e quindi a superare anche le sfide più impegnative.

NOTE:
....
....
....
....

Esercizio 4:
Ama te stessa

Prenditi un momento per riflettere su quanto apprezzi diverse parti di te stessa: colora da 1 a 5 cuoricini per ogni parte in base a quanto la ami.

♡ : significa che devi imparare ad amarla un po' di più.
♡ ♡ ♡ ♡ ♡ : significa che la ami moltissimo!

Non esiste giusto o sbagliato: questo è un momento tutto tuo per riflettere su quanto ti piaci e su come ti senti rispetto al tuo corpo.

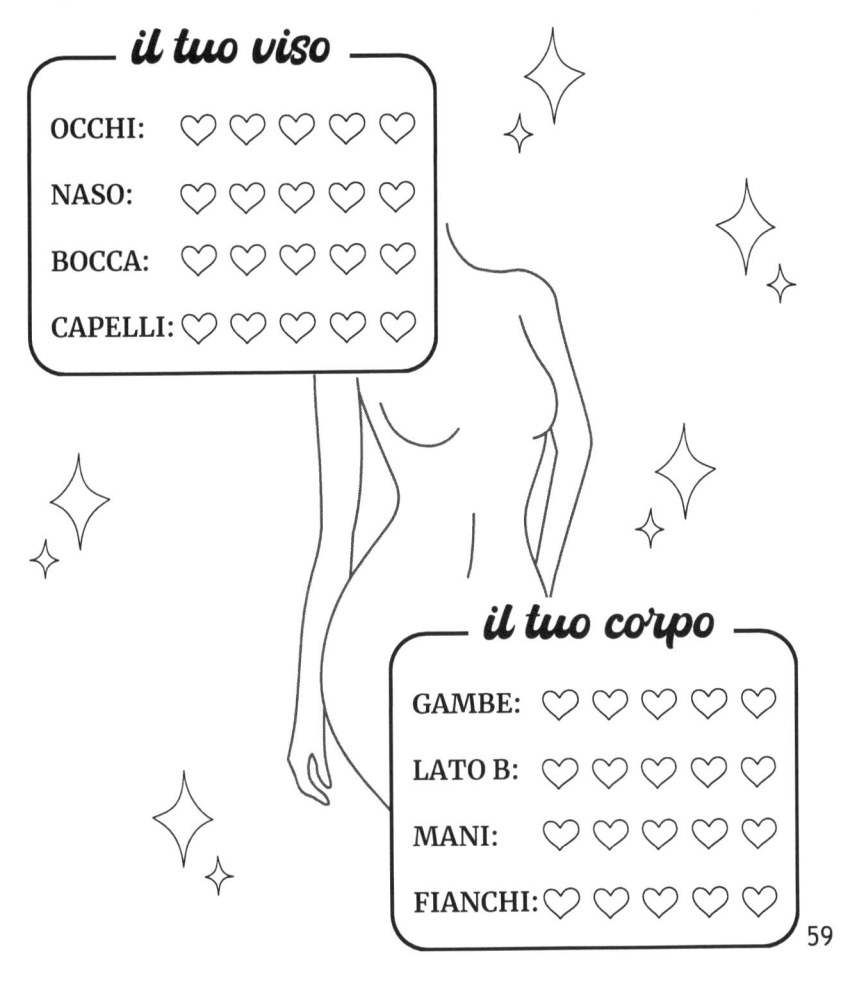

il tuo viso

OCCHI: ♡ ♡ ♡ ♡ ♡
NASO: ♡ ♡ ♡ ♡ ♡
BOCCA: ♡ ♡ ♡ ♡ ♡
CAPELLI: ♡ ♡ ♡ ♡ ♡

il tuo corpo

GAMBE: ♡ ♡ ♡ ♡ ♡
LATO B: ♡ ♡ ♡ ♡ ♡
MANI: ♡ ♡ ♡ ♡ ♡
FIANCHI: ♡ ♡ ♡ ♡ ♡

Capitolo 7:
Mangia bene per sentirti bene

In questo capitolo imparerai quanto l'alimentazione sia importante per il tuo futuro e come avere un rapporto positivo con il cibo.

Una volta accettato il tuo corpo, non puoi semplicemente prendertene cura a parole. Dovrai adottare dei comportamenti quotidiani che ti permettano davvero di mantenerlo sano e forte in modo concreto.

Uno dei modi migliori per raggiungere questo obiettivo consiste proprio nel mangiare in modo corretto. Il modo in cui mangi ha un effetto diretto su come ti senti e come funziona il tuo corpo. Un'alimentazione corretta può darti l'energia e la salute necessarie per inseguire tutti i tuoi sogni e realizzarli.

36 - Sei quello che mangi

Un detto molto famoso afferma che sei quello che mangi.

Per quanto possa sembrare banale, questa frase è proprio vera. Il modo in cui mangi ha un effetto immediato sul tuo corpo e sulle tue sensazioni, ed è quindi fondamentale che sia quello migliore possibile. Scegli solo cibi nutrienti, sani e in grado di portare benefici al tuo corpo.

Che cosa significa questo nella pratica?

L'alimentazione consigliata dagli esperti è molto bilanciata, e comprende frutta, verdura, proteine, grassi e carboidrati. Qualunque dieta che elimina del tutto uno di questi elementi molto probabilmente non è sana. Secondo un recente studio di Harvard, per di più, per essere equilibrato il tuo piatto dovrebbe contenere una metà di frutta e verdura, un quarto di cereali e un quarto di proteine sane.

I cibi che ti fanno bene per fortuna sono moltissimi. Tutte la frutta e la verdura sono naturalmente incluse, così come i legumi, ma valgono anche carboidrati come le patate e l'avena, oppure proteine come il pesce o il pollo, senza dimenticare la frutta secca.

Ricorda comunque che qualsiasi cibo, se consumato con moderazione, è ammesso senza problemi.

37 - Le diete possono essere un pericolo

Poco fa abbiamo affermato che "qualunque dieta che elimina del tutto uno di questi elementi molto probabilmente non è sana". Proprio per capire quanto sia importante una dieta sana, prova a pensare a quante malattie possono essere causate da una dieta scorretta, come per esempio i problemi cardiaci o il diabete ma anche i disturbi alimentari.

Proprio perché così tanti danni possono nascere da una dieta sbagliata, è importante prestare molta attenzione a questa tematica, assicurandosi di mangiare sempre in modo sano e bilanciato. Seguendo i consigli che abbiamo elencato poco fa, potrai riuscire a tenere sotto controllo i rischi di un'alimentazione sregolata.

38 - Non privarti di nulla

D'altro canto, però, è importante stare attenti a non esagerare nella direzione opposta. È vero, mangiare sano è sempre importante e non è mai sbagliato. È bene ridurre il consumo di cibo spazzatura, come per esempio i cibi unti e bisunti e le bevande cariche di zuccheri. Non fanno certo bene al nostro corpo.

È anche vero, però, che ci sono molti alimenti che semplicemente amiamo, a prescindere da quanto facciano bene o meno, ed è giusto non privarsene del tutto. Avere una dieta troppo restrittiva può portare tanti problemi quanto un'alimentazione che comprenda qualunque schifezza, senza contare che nella maggior parte dei casi si torna in breve a mangiare come prima.

Ancora una volta, quindi, la chiave sta nell'equilibrio. Cerca di mangiare in modo sano e bilanciato nella maggior parte dei casi, ma se qualche volta vuoi concederti quel panino che ti fa proprio impazzire oppure una bella pizza non fartene un cruccio. Basta semplicemente non esagerare. L'importante, in fin dei conti, è sentirsi bene, anche mentalmente.

39 - L'acqua è fondamentale

L'ultimo suggerimento utile per quanto riguarda alimentazioni e diete consiste nel bere tanta acqua. Moltissime persone al giorno d'oggi sono disidratate proprio perché non bevono abbastanza acqua, perché non si ricordano di farlo o gli sembra di non avere tempo.

La regola generale prevede di bere almeno due litri d'acqua al giorno: questo è il minimo indispensabile per essere sempre ben idratati. Se poi vuoi portare il tuo impegno al livello successivo, puoi provare a bere almeno un bicchiere d'acqua subito prima di andare a letto e appena ti svegli, e un altro mezz'ora prima di ogni pasto. Questo schema permetterà di mantenere i tuoi organi sempre attivi e funzionali, agendo come un "sistema di raffreddamento" che impedisce loro di andare in sovraccarico.

40 - Solo l'acqua è acqua

Molte volte quando si parla di "bere tanto", la tentazione è quella di riempirci di qualunque liquido ci capiti sotto tiro.

Tieni sempre presente che per "acqua" si intende proprio solo l'acqua liscia. Non stiamo quindi parlando di tè, caffè, succhi o qualsiasi altra bevanda. In particolare, tè e caffè potrebbero addirittura creare l'effetto opposto, dal momento che la caffeina contribuisce a disidratare l'organismo.

Cerca quindi di bere più acqua pulita possibile. Se tuttavia hai voglia di una bevanda diversa, anche in questo caso non c'è alcun bisogno di privartene. Semplicemente non considerare quel liquido come parte dei tuoi litri d'acqua quotidiani ma come un'aggiunta.

41 - Non lasciarti condizionare

Quando si parla di diete, è molto facile lasciarsi condizionare da quello che si legge o si vede in televisione o online, oppure da quello che ci raccontano gli altri. E infatti, numerosi studi dimostrano che esiste una relazione strettissima tra i disturbi alimentari e l'immagine di sé e del proprio corpo, che dipende in larga parte dal paragone con gli altri.

Il problema è molto più grave di quanto può sembrare, e coinvolge almeno la metà degli adolescenti. Basti pensare che 4 adolescenti su 10 seguono una dieta non tanto per problemi legati alla salute oppure perché praticano un determinato sport a livello agonistico, ma esclusivamente per motivi estetici. E quello che è peggio, la maggior parte di loro segue le cosiddette "diete fai da te", per cui la quantità di cibo viene ridotta a caso, seguendo il consiglio di amici o di influencer su internet.

In realtà, però, queste diete raramente funzionano, e anzi molte volte hanno effetti molto dannosi per il nostro corpo, tanto da causare veri e propri problemi di salute. Quindi non lasciarti tentare da quanto sia facile reperire le informazioni online. Se proprio senti il bisogno di seguire una dieta, chiedi consiglio al nutrizionista, in modo da poterlo fare in modo sano e sicuro.

In breve

♥ Se desideri avere una vita sana, la cosa più importante è mangiare in modo sano ed equilibrato, senza farti tentare da diete strane e pericolose e bevendo tanta acqua al giorno. Ricordati però di concederti anche qualche sgarro una volta ogni tanto. Se seguirai questi consigli sarai già un passo avanti sulla strada per una vita sana e senza malattie.

NOTE:

....
....
....
....

Capitolo 8:
Fai movimento

In questo capitolo imparerai che l'attività fisica è il segreto per stare bene, sia dentro che fuori.

Una volta imparato a mangiare bene, questo non basta per avere uno stile di vita sano al 100%. Devi anche fare movimento e mantenere sempre il tuo corpo attivo. In questo modo potrai allenare costantemente i tuoi muscoli e insegnare al tuo corpo ad essere in forma e flessibile.

Ci sono molti modi per essere attivi. Non importa ciò che fai, basta che il tuo corpo si tenga sempre in allenamento.

42 - Fai movimento e sarai invincibile
Quando vai a scuola stai seduta al tuo banco per molte ore di fila. Poi magari torni a casa e ti sdrai sul divano, e rimani lì fino a sera mangiando delle patatine. Certo, questo piano sembra molto rilassante, ma non è necessariamente la cosa migliore per il tuo corpo.

Che ne diresti allora di alzarti e di muoverti un po'? In questo modo puoi mantenere un corpo sano e di conseguenza uno stile di vita corretto. I benefici sono davvero tantissimi.

Tanto per cominciare ti sentirai meglio mentalmente. Il tuo corpo rimarrà forte e ti sentirai molto più in forma rispetto a quando stavi sdraiata tutto il giorno senza fare nulla. Se ti impegni ad allenarti regolarmente, eviterai anche molte malattie come la pressione alta, livelli di co- lesterolo sbagliati e malattie cardiache. E anche se queste patologie possono non sembrarti un tuo problema ora, potrebbero diventarlo tra 20 o 30 anni.

E non finisce qui. Fare esercizio ti aiuta ad avere più energie per affrontare le sfide quotidiane. Oltretutto, le endorfine rilasciate durante l'attività fisica di fanno sentire più felice, ottimista ed entusiasta. In questo modo sarai meno stressata e riuscirai a gestire meglio l'ansia e la tristezza.

Infine, il movimento può anche aumentare la tua autostima. Non tanto perché sarai più magra o più bella, questo conta davvero poco, ma perché sarai più forte, meno tesa e sempre in grado di gestire qualunque cosa dovesse capitarti. Insomma, sarai invincibile.

43 - Esci all'aria aperta

Uno dei modi migliori per essere attivi è sicuramente quello di uscire all'aria aperta. Per tutti noi oggi è facile rimanere chiusi in casa per tantissime ore al giorno, magari davanti ad uno schermo. Certo, la tecnologia è un enorme aiuto in moltissime cose, ma non può sostituire i benefici offerti dalla natura.

Uscire all'aria aperta è fondamentale per la tua salute e per il tuo benessere. Aiuta ad alzare i livelli di vitamina D, riduce la pressione cardiaca e l'infiammazione e migliora persino il sonno. E poi, è molto più facile fare movimento quando si è all'aperto, ed è anche più divertente.

Insomma, è davvero un'ottima soluzione. Anche una semplice camminata all'aria aperta può davvero cambiare il modo in cui il tuo corpo si sente ogni singolo giorno. Perciò, se hai un cane questo è il momento di occuparti tu della sua passeggiata quotidiana. Altrimenti, hai solo l'imbarazzo della scelta: che ne pensi della bici?

Qualunque occasione che hai per stare fuori è una buona occasione.

44 - I muscoli stanno bene a tutti

Diciamo la verità: se sei una ragazza avrai sicuramente sentito di tutto sull'allenamento. Magari avrai anche sentito moltissime persone ripetere che le ragazze allenate non sono altrettanto belle perché sono troppo muscolose.

Questo è assolutamente falso. Non solo i muscoli non sono mai un male, perché significano che sei sana e forte. Ma poi una ragazza non svilupperà mai una massa di muscoli con lo stesso aspetto di quella di un uomo, a prescindere da quanti pesi sollevi o che tipo di allenamento svolga. Anche un allenamento intenso come il sollevamento dei pesi non farà altro che tonificare il tuo corpo, quindi non c'è nulla di male.

Per rafforzare i tuoi muscoli, puoi scegliere sia l'utilizzo di macchinari che gli esercizi a corpo libero. Ancora meglio, puoi provare una combinazione di entrambi. Dovrai semplicemente lavorare sull'intensità, la frequenza e le ripetizioni degli esercizi, magari chiedendo aiuto ad un professionista che possa spiegarti come non farti male.

Se invece la palestra proprio non fa per te, niente paura: puoi sempre scegliere uno sport diverso, che ti piaccia e ti faccia divertire. Trova un'amica con cui fare sport, e divertitevi insieme.

45 - Rispetta i tuoi limiti

Ecco infine un ultimo consiglio. Per quanto essere sempre attive sia molto importante, non dimenticare mai che il tuo corpo ha dei limiti, e che è molto importante non superarli.

Dai sempre al tuo corpo il tempo di riposarsi e recuperare le energie, se ne ha bisogno. Non fare attenzione a quello che ti sta comunicando potrebbe portarti a farti male, quindi stai attenta e rispettalo sempre. L'obiettivo è stare sempre meglio, e non farsi male.

In breve

Per avere uno stile di vita sano è importante fare movimento ogni giorno, meglio ancora se lo fai all'aria aperta. Scopri cosa ti piace fare, e trova degli amici con cui farlo, e vedrai che allenarti sarà facilissimo. Fai sempre attenzione, però, a non spingerti oltre i limiti per stare sempre bene.

NOTE:

Capitolo 9:
Prenditi cura di te

In questo capitolo imparerai quanto sia importante prenderti cura di te per stare bene: seguire una corretta igiene e imparare a gestire il ciclo mestruale sono passaggi fondamentali.

Purtroppo prendersi cura di sé è un aspetto del proprio benessere che viene ampiamente sottovalutato. E invece, è una parte molto importante del proprio benessere fisico e mentale. Ci sono moltissimi modi in cui puoi occuparti della tua salute e della tua serenità, anche quando ti sembra che sia impossibile e che tu non sia preparata.

Sicuramente gli anni della pubertà sono i più complicati da questo punto di vista. Il tuo corpo inizia a produrre strane secrezioni e quindi potresti avere un odore strano, ed è facile sentirsi sporche, soprattutto durante il ciclo mestruale.

Per fortuna, attraverso queste pratiche puoi prenderti cura del tuo corpo, ma anche del tuo benessere interiore senza mai farti prendere dal panico.

46 – Scopri l'igiene e non lasciarla più

Avere una buona igiene significa tenere il proprio corpo pulito e fare affidamento su determinate abitudini per tenere lontani germi e microbi. Imparare questo aspetto della vita è fondamentale per continuare a rimanere sani durante tutti gli anni a venire e per prendersi cura del proprio corpo nel modo corretto.

L'igiene è importante per diversi motivi. Innanzitutto, potrai avere tutto il tempo un buon odore, il che non guasta. Questo ti farà sentire più sicura nelle occasioni in cui devi stare in mezzo ad altre persone, senza che ci sia alcun imbarazzo. Inoltre terrai lontani i germi che causano molte malattie. Non stiamo parlando solo dei germi che potrebbero trovarsi sulle tue mani, che entrano dal tuo naso o dalla tua bocca, o che magari possono infettare i tuoi occhi, ma anche di tutti quelli più pericolosi, che possono causare danni ai denti e alla pelle, o dei funghi.

Insomma, senza un'igiene corretta potresti scoprire che la vita è molto più difficile, sia a livello sociale che personale. Per questo non dimenticare mai di farti la doccia, lavarti le mani, spazzolarti i denti e fare tutto ciò che è in tuo potere per essere sempre pulita.

47 - Crea una routine per stare meglio

Il modo migliore per mantenere una buona igiene consiste nel creare una routine efficiente.

Ognuno di noi ha bisogno di una routine differente a seconda di come funziona il nostro corpo, delle attività che svolgiamo durante il giorno e di quanto siamo in movimento. Tuttavia, ci sono un paio di consigli che possono tranquillamente valere per qualsiasi ragazza.

Tanto per cominciare ricordati di fare la doccia o il bagno tutti i giorni. Lo sappiamo, molte volte non avresti voglia, o non hai proprio tempo. E tuttavia, è un passaggio fondamentale. Non serve una pulizia particolarmente approfondita, né tantomeno lavare i capelli tutti i giorni. A seconda del tipo di cuoio capelluto che hai, puoi scegliere quanto spesso lavare i tuoi capelli perché siano sempre puliti.

E parlando di capelli, cerca sempre di lavarli con prodotti che siano adatti a te. Per esempio, molte persone hanno la forfora e hanno quindi bisogno di prodotti specifici che possano risolvere questo problema. Altri invece hanno i capelli grassi, e anche in questo caso il problema può essere risolto. Dovrai inoltre tenere in considerazione il tipo di capelli che hai: sono spessi o fini? Sono lisci o ricci?

È altrettanto importante anche spazzolare i capelli. Anche in questo caso, dovrai comportarti in modo diverso a seconda del tipo di capelli che hai. Prova a fare qualche ricerca per capire quale strumento può fare al caso tuo, e cerca di scoprire tutti i trucchi per tenere i tuoi capelli sempre in ordine.

Se ti accorgi di aver bisogno di qualche trattamento particolare, prova ad andare dal parrucchiere per capire quali tagli possono renderti la vita più semplice e quali prodotti potrebbero fare al caso tuo. Sicuramente un esperto può aiutarti al meglio.

Un altro aspetto della tua igiene che non dovresti mai sottovalutare riguarda la salute dei tuoi denti. Ricordati di spazzolarli sempre e di andare regolarmente dal dentista se non vuoi avere seri problemi in futuro. Dovresti lavarti i denti almeno due volte al giorno, la mattina e la sera.

Questo garantirà che i tuoi denti siano sempre puliti e che tu non abbia un alito cattivo. Inoltre, ricorda di passare il filo interdentale almeno una volta al giorno.

Nessuna di queste attività richiede necessariamente di spendere molti soldi in prodotti di bellezza, quindi sono accessibili a chiunque. Tuttavia, ci sono alcuni prodotti che chiunque dovrebbe avere nel proprio bagno. Stiamo parlando di shampoo, sapone, balsamo, un sapone per il viso, una crema per il viso e soprattutto un deodorante. Con questi pochi prodotti sarai a cavallo!

48 – Non avere paura dell'acne

Punti neri, foruncoli, brufoli. Tanti nomi per un unico problema: l'acne.

E non esiste nemmeno un solo tipo di acne. Ce ne sono tanti tipi, e ognuno ha i suoi sintomi, le sue cause e i suoi effetti. Alcune ragazze ne soffrono terribilmente e altre potrebbero non soffrirne mai. L'unica cosa che puoi fare è cercare di prenderti cura del tuo viso e del tuo corpo al meglio per cercare di limitare il problema.

Il primo fondamentale passaggio è quello di lavare sempre il viso con un sapone che sia privo di oli. Cerca anche di toccarti il viso il meno possibile e di non premere il cellulare sulla guancia. Il punto è che più elementi estranei entreranno in contatto con la tua pelle, peggio sarà. Naturalmente anche uno stato di ansia o di stress può influire sull'acne, tuttavia in questo momento concentriamoci sull'aspetto più "fisico" del problema.

Se hai provato ad usare un sapone specifico ma hai comunque ancora problemi con l'acne, probabilmente è il caso di provare qualcosa di più forte. Esistono diversi prodotti specifici in commercio che non richiedono necessariamente una prescrizione medica. La soluzione migliore, però, è quella di parlare con un dermatologo che possa identificare la causa del problema e darti le indicazioni più adeguate al tuo particolare tipo di acne.

49 - Impara a conoscere il ciclo mestruale

Tra i numerosi cambiamenti portati dalla pubertà, quello che crea maggiori ansie e preoccupazioni è sicuramente il ciclo mestruale. Ma di cosa si tratta?

Ebbene, semplificando molto l'argomento, ogni mese il tuo utero si preparerà per accogliere un'eventuale gravidanza. Posto però che tu non sia incinta, in realtà tutta questa preparazione sarà inutile, e quindi l'utero si libererà dell'ovulo pronto a dare origine ad un bambino sotto forma di sangue attraverso la vagina.

È quindi un processo del tutto normale, attraverso cui il corpo si libera di qualcosa che in quel momento non serve. Può essere però piuttosto spaventoso la prima volta veder uscire del sangue da un punto da cui fino a pochi giorni prima non usciva proprio niente.

Niente paura: il sangue sarà pochissimo. Potresti perderne un pochino di più il primo giorno, per poi andare a scemare nei giorni successivi.

50 – Per ogni problema c'è una soluzione

Il ciclo può produrre diversi sintomi nel tuo corpo, ed è giusto saperlo fin da ora per essere pronta a tutto. Ogni ragazza è diversa, e in ogni caso ogni mese si possono sperimentare effetti diversi. Tuttavia, ci sono dei sintomi che valgono bene o male per tutti e che sono più frequenti.

Il primo è la cosiddetta sindrome premestruale. Si tratta di tutti quei sintomi emotivi e fisici che avvengono subito prima del ciclo vero e proprio. All'interno di questa sfera possono rientrare sbalzi d'umore, ansia, gonfiore, acne, tristezza, e molto altro. In questo periodo potresti quindi essere particolarmente arrabbiata o triste senza motivo: è fastidioso, ma non grave o doloroso.

Un altro sintomo molto comune sono i crampi. Molte ragazze soffrono di crampi durante il ciclo, soprattutto nei primi due giorni. Per alcune si tratta solo di dolorini facili da ignorare, mentre altre hanno addirittura bisogno di prendere degli antidolorifici per affrontare la giornata. Ci sono fortunatamente una serie di trucchetti utili per alleviare il dolore, come per esempio posizionare una boule dell'acqua calda appena sopra il pube: in questo modo il calore rilasserà i muscoli e il male sarà meno forte.

Infine, ci sono i mal di schiena, che più che vero dolore assomigliano molto ad una pressione costante appena sopra la zona del coccige. Può essere una sensazione molto fastidiosa, ma proprio come per i crampi anche in questo caso si può cercare di alleviare il dolore con un po' di calore.

Questi sono sicuramente i sintomi più comuni, ma ce ne sono molti altri. Per fortuna, ormai ad ognuno dei sintomi corrisponde un metodo più o meno semplice per cercare di gestire la situazione al meglio.

51 - Siamo tutte diverse
Ma questo ciclo quanto dura?
Questo dipenderà dal tuo corpo: per alcune ragazze dura solo 2 o 3 giorni, mentre per altre può arrivare fino a 7. La durata per la maggior parte delle ragazze corrisponde comunque a circa 5 giorni.

Alcune ragazze possono avere un ciclo più corto e leggero, mentre altre lo avranno più lungo e abbondante. Anche se la durata e il flusso del tuo ciclo dovessero essere molto diversi da quelli di tutte le altre ragazze che conosci, non preoccuparti: è assolutamente normale che ogni corpo funzioni a modo suo.

All'inizio, inoltre, il ciclo non sarà regolare, il che vuol dire che non verrà tutti i mesi lo stesso giorno. Questo è assolutamente normale per i primi 3 anni, e in ogni caso continua ad essere la regola per moltissime donne. Ogni mese potresti anche avere dei sintomi differenti e sperimentare un ciclo completamente diverso dal mese prima. Questo dipende da tutta una serie di fattori che riguardano soprattutto lo stile di vita che hai tenuto nel corso di quel mese.

A meno che non ci siano particolari problemi di salute, con tutta probabilità continuerai ad avere il ciclo una volta al mese fino a quando non raggiungerai la menopausa. Si tratta del periodo in cui il corpo della donna non è più pronto a generare dei figli, e corrisponde più o meno ai 50 o 55 anni di età. Una volta raggiunta la menopausa, il ciclo si interromperà per sempre.

Un'eccezione a questa regola è data dalla gravidanza, durante la quale la donna non ha il ciclo. Infatti l'utero smette di prepararsi per l'arrivo di una nuova gravidanza (visto che ce n'è una già in corso) e quindi non c'è materiale "di scarto" di cui liberarsi.

52 - Scopri cosa è meglio per te

Una volta iniziato il ciclo, è importante cercare di capire come gestire al meglio quei giorni e tutti i sintomi che comportano nel tuo corpo.

La prima cosa da fare è capire quale metodo utilizzare per fermare il flusso. La prima opzione, sicuramente più semplice da utilizzare le prime volte, sono gli assorbenti esterni. Si tratta di strisce di materiale assorbente (solitamente cotone) che possono essere momentaneamente attaccate all'interno della biancheria intima. È il metodo più semplice da utilizzare, perché basta semplicemente applicare l'assorbente e indossare la propria biancheria.

Una seconda soluzione consiste nell'utilizzare gli assorbenti interni, vale a dire dei piccoli tamponi da inserire direttamente all'interno della vagina. Molte ragazze li considerano più comodi, perché essendo interni non intralciano i movimenti. Tuttavia, bisogna fare particolare attenzione: se indossi un assorbente interno per più di 8 ore potresti sviluppare un'infezione molto grave detta sindrome da shock tossico. È davvero qualcosa da evitare.

Sebbene questi due strumenti siano sicuramente i più utilizzati, recentemente si stanno diffondendo molti altri metodi alternativi, come per esempio la coppetta mestruale. Si tratta di una vera e propria coppetta che si inserisce nella vagina e che raccoglie il sangue per poi essere svuotata. Essendo di silicone e riutilizzabile è sicuramente la scelta più rispettosa per l'ambiente.

Ognuno di questi metodi è valido e puoi quindi scegliere con grande serenità quello che fa per te.

53 – Impara a coccolarti

Al di là della gestione pratica del ciclo, la parte più importante di questo momento è prenderti cura di te. Dato che la maggior parte delle ragazze soffre di sintomi fastidiosi e dolorosi, assicurati di essere rilassata e a tuo agio.

Prova a fare un bagno caldo oppure una camminata all'aria aperta: entrambe queste attività sono perfette per alleviare il dolore dei crampi. Guarda la tua serie tv preferita o leggi un libro accoccolata sul divano, oppure accarezza il tuo animaletto per sentire tutto il suo conforto. Ma soprattutto, concentrati su tutte le attività che ti fanno sentire felice e che allontanano lo stress.

Altrettanto importante è bere tanta acqua. Questo è fondamentale in generale, come abbiamo visto, ma anche e soprattutto durante il ciclo. Non solo aiuta ad evitare gli sfoghi della pelle causati dagli ormoni, ma aiuta anche la circolazione e libera il tuo corpo dalle tossine.

Infine, se in questi giorni tu volessi concederti qualche schifezza in più, non limitarti. Dopotutto, uno sgarro una volta al mese non può certo danneggiare la tua salute. Fai tutto ciò che ti fa sentire bene.

In breve

♡ Prenderti cura di te è un aspetto fondamentale del tuo benessere. Cerca di curare la tua igiene nel modo migliore possibile, soprattutto quando inizia il ciclo mestruale. La pubertà è un passaggio naturale che può anche diventare molto bello, se viene gestito nel modo corretto, senza farsi prendere dal panico. Per questo mantieni la calma, fai sempre quello che ti fa stare bene e rilassati: stai crescendo, e questo è bellissimo.

NOTE:
....
....
....
....

Esercizio 5:
La mia routine di benessere

Ogni giorno è un'occasione per coccolarti e sentirti meglio! In questo esercizio devi pianificare una routine settimanale che ti faccia sentire curata e rilassata. Puoi includere attività come fare una doccia calda, mettere una crema profumata, oppure prenderti un momento per meditare o ascoltare la tua musica preferita.

Scrivi la tua routine ideale e impegnati a seguirla per una settimana, poi utilizza il riquadro qui sotto per le tue considerazioni finali.

Considerazioni :

Lunedì

Martedì

Mercoledì

Giovedì

Venerdì

Sabato

Domenica

PARTE 3:
La scuola

Capitolo 10:
La scuola è l'esercizio del futuro

In questo capitolo imparerai quanto sia importante la scuola per imparare a vivere nel modo migliore per te e per il tuo futuro, ma soprattutto imparerai che puoi diventare qualunque cosa desideri.

Lo sappiamo, la scuola ti sembra una noia. Non vuoi prenderla sul serio, e in ogni caso non ti interessa. È normale: la maggior parte dei ragazzi la pensa così.
Per poi pentirsene amaramente. Sì, perché che sia quando si inizia l'università o all'ingresso nel mondo del lavoro, arriva per tutti il momento in cui ci si rende conto che in fin dei conti a scuola ci si sarebbe dovuti impegnare un pochino di più.

E allora, perché non imparare da chi ci è già passato?
Inizia fin da subito a considerare la scuola in un'ottica più ampia. Si tratta della tua prima carriera, e vale quindi la pena di prenderla sul serio. Prestare attenzione in classe e fare tutti i compiti non serve solo ad imparare ciò che ti viene insegnato, ma anche e soprattutto a capire come comportarti anche quando ciò che devi fare non ti diverte particolarmente o quando non hai voglia di fare nulla.

Questo tipo di atteggiamento sarà quello che ti porterà ad avere successo nella tua vita, ora e in futuro.

54 - La scuola non è roba da secchione
Molte volte, a scuola, l'impressione è che solo le secchione si impegnano, mentre invece le ragazze più "fighe" sono quelle che si preoccupano delle apparenze, del divertimento e eventualmente della moda e del make-up.

Questo però non corrisponde al vero.

La scuola non appartiene certo ad una sola categoria di persone. È di tutti, proprio perché chiunque ne ha bisogno per poter avere successo nella vita, per poter imparare e raggiungere i propri obiettivi.

La scuola allora non è una cosa da secchione, ma un mezzo per raggiungere uno scopo. Solo perché ti impegni a scuola, questo non vuol dire che le tue altre passioni debbano sparire del tutto. Fare i compiti non ti impedisce di giocare a pallavolo o di andare a nuoto, oppure di divertirti con le tue amiche. E viceversa, gli allenamenti o le feste non ti devono frenare nel prendere dei buoni voti. Semplicemente, bisogna imparare a bilanciare le cose, dando ad ogni attività il giusto spazio.

55 - Impara tutto quello che puoi
Per quanto possa non piacerti, sei obbligato a startene seduto a scuola: e allora perché non cercare di trarne il meglio? Invece di distrarti, prova a sfruttare ogni momento utile per acquisire delle capacità fondamentali.

No, non stiamo parlando della matematica o della grammatica, per quanto certo non fa male a nessuno saperne un po' di più. Stiamo parlando di tutte quelle capacità che non ti vengono spiegate direttamente ma che possono invece tornarti molto utili in futuro, come per esempio la gestione del tempo, l'organizzazione o la capacità di lavorare con gli altri. Queste sono caratteristiche che rimarranno con te per il resto della tua vita, e che ti aiuteranno nelle occasioni più disparate.

Impara dalla scuola tutto quello che puoi, non solo le materie che fanno parte del tuo orario, ma anche e soprattutto tutto ciò che succede nei momenti in cui la lezione non c'è affatto. Ti sarà davvero utile.

Oltretutto, una volta che inizi a lavorare potrai facilmente applicare tutti questi insegnamenti anche all'ambiente professionale. Questo vale sia per le informazioni che hai studiato che per tutto ciò che indirettamente sei riuscito ad assorbire. La scuola, in questo senso, non sarà mai inutile, ma una fonte inesauribile di aiuti preziosissimi.

56 - Leggi, leggi, leggi

Se stai leggendo questo libro, significa che un po' di lavoro è già stato fatto.

Già, perché leggere è davvero tutto, anche quando ciò che stai leggendo non ti è stato imposto a scuola, e forse soprattutto in quel caso. I libri sono proprio un toccasana, sia per la tua salute che per la tua intelligenza che per le relazioni con gli altri: diversi studi dimostrano quanto siano un aiuto fondamentale per la crescita personale.

Non ci credi?

Pensa invece che leggere ti aiuta a conoscere sempre più parole nuove, migliora la creatività, il pensiero critico e la concentrazione. Inoltre ti aiuta a scrivere meglio, un'abilità non da poco, e può addirittura ridurre i livelli di stress del 68%. Sembra quasi una magia! E questi sono solo alcuni dei benefici, ma ce ne sono molti altri.

Fai un favore a te stessa: continua a leggere, proprio come stai facendo in questo momento. Trova qualcosa che ti interessi e leggi, leggi, leggi.

57 - Il lavoro degli insegnanti non è renderti la vita impossibile

Sembra impossibile, ma è proprio vero: i tuoi insegnanti non si svegliano la mattina con il desiderio di vederti soffrire. Sembra invece che la maggior parte di loro sia motivato dalla passione per la loro materia o per l'insegnamento più in generale, e questo vuol dire una cosa sola: il lavoro degli insegnanti è aiutarti.

Se ti sembra che un insegnante stia cercando di renderti la vita impossibile, molto probabilmente dovresti farti qualche domanda. La maggior parte delle volte, questo sentimento deriva dal fatto che sai di stare infrangendo una regola, oppure di non star eseguendo un compito che ti era stato assegnato. In altre parole, è semplice senso di colpa.

In questo caso, prova a parlarne con il tuo insegnante. Sarà chiaro il tuo desiderio di migliorare, e sicuramente riceverai anche un aiuto in questo arduo compito. Puoi anche chiedere direttamente aiuto se ti sembra di averne bisogno: il tuo insegnante sicuramente ne sarà felice, e ti darà una mano. Non ti vergognare di sfruttare i tuoi insegnanti per qualche informazione in più: sono lì proprio per quello.

Insomma, il lavoro degli insegnanti è proprio quello di renderti la vita più semplice e di aiutarti ad avere successo. Tieni la mente aperta e sii onesta, chiedi aiuto e ti sarà dato. Non avere paura!

58 - Conosci i tuoi limiti

Per quanto sia fondamentale fare sempre del proprio meglio a scuola, molte volte il compito potrebbe semplicemente superare le tue capacità. Dopotutto, proprio come abbiamo notato per quanto riguarda il tuo corpo, anche la tua mente ha i suoi limiti, ed è giusto rispettarli.

Avere dei limiti significa semplicemente conoscere ciò di cui siamo capaci e quanto lontano possiamo spingerci prima che lo sforzo diventi eccessivo. Questa consapevolezza ci aiuta non solo ad evitare di avere delle aspettative irrealizzabili che inevitabilmente verrebbero deluse, ma anche a conservare il nostro benessere mentale. Infine, ti aiuta a non cercare scuse, ma a dare semplicemente il massimo per quanto ti è possibile.

Conoscere i propri limiti è fondamentale, soprattutto perché in questo modo eviterai di sovraccaricarti e di farti del male. Tutti hanno bisogno di dormire e di mangiare, per esempio. Se i compiti o lo studio sono tali da impedirti di prenderti cura di te stessa, allora non ne vale la pena: stai superando i tuoi limiti.

Ricorda quindi che la cosa più importante è sempre la salute, sia quella fisica che quella mentale.

59 - Attenta alla pigrizia
Allo stesso tempo, però, è importante non correre il rischio opposto: fare meno del massimo. È molto facile scambiare la pigrizia per un limite, cercare di impegnarsi meno con la scusa che non si è abbastanza bravi. Questa però è una mancanza di rispetto non solo nei confronti degli insegnanti, ma anche e soprattutto nei tuoi confronti.

Solo cercando sempre di raggiungere i tuoi limiti potrai continuare a migliorare e diventare così la migliore versione di te stessa.

60 - Non stressarti troppo
Sempre parlando di limiti, abbiamo accennato al sacrificio che può essere richiesto alla tua salute fisica e mentale, e quindi è opportuno parlare brevemente dello stress.

Da un lato, è perfettamente normale sentirsi un po' stressati prima di una verifica o di un'interrogazione. Dall'altro, però, questa agitazione non dovrebbe mai essere generalizzata. Se ti sembra che la quantità di stress causata dalla scuola sia davvero troppa e stia iniziando a farti sentire male, è il momento di fare un passo indietro e di pensare bene a quello che sta succedendo e a quali possono essere i motivi.

Se non capisci a cosa sia dovuto il motivo di tutto questo stress, puoi provare a chiedere consiglio ad un adulto, come per esempio ad un insegnante oppure ai tuoi genitori. Loro possono sicuramente aiutarti a scoprire qualcosa in più. Possono inoltre suggerirti qualche trucchetto che puoi utilizzare per dare del tuo meglio a scuola senza per questo sacrificare la tua salute.

61 – Segui i tuoi sogni: puoi essere chi vuoi

Nel corso della tua carriera scolastica, purtroppo molte volte di capiterà di scontrarti con qualcuno che ti dirà che non puoi fare quello che vuoi, che non puoi diventare chi sogni di essere. È quasi una vergogna ammetterlo, ma ancora oggi essere una donna comporta delle limitazioni, dovute soprattutto al fatto che non si viene considerate alla pari degli uomini per talento e per professionalità.

Questo ti potrebbe portare ad escludere automaticamente alcune possibilità, sia per quanto riguarda le scuole che scegli che per la carriera che vuoi svolgere in futuro.

Non farlo. Hai le stesse capacità e lo stesso talento di un ragazzo, ed è giusto che tu sia ambiziosa e che tu possa seguire i tuoi sogni. Esplora nuove possibilità e cerca di andare sempre oltre, di continuare a crescere e a migliorare sempre di più. Credi in te stessa, e continua a credere di essere capace di qualsiasi cosa.

Puoi davvero essere chi vuoi, senza paura.

In breve

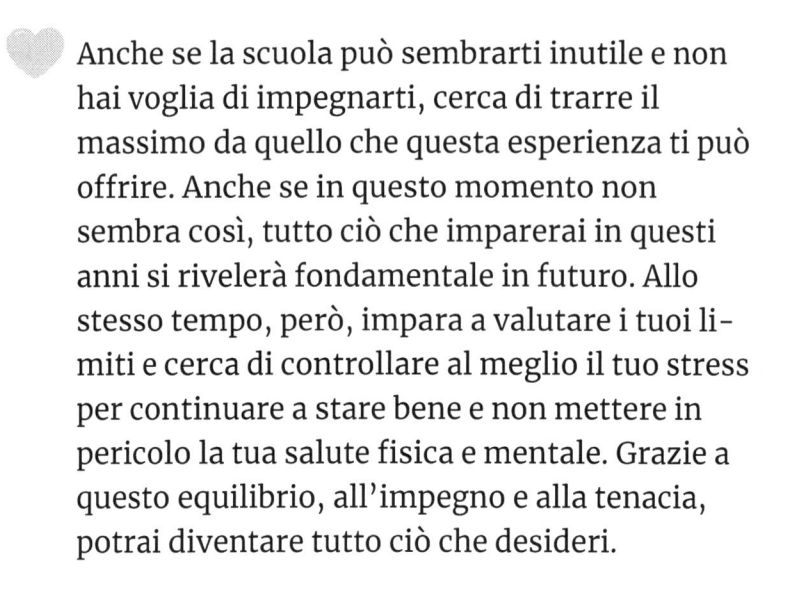

💗 Anche se la scuola può sembrarti inutile e non hai voglia di impegnarti, cerca di trarre il massimo da quello che questa esperienza ti può offrire. Anche se in questo momento non sembra così, tutto ciò che imparerai in questi anni si rivelerà fondamentale in futuro. Allo stesso tempo, però, impara a valutare i tuoi limiti e cerca di controllare al meglio il tuo stress per continuare a stare bene e non mettere in pericolo la tua salute fisica e mentale. Grazie a questo equilibrio, all'impegno e alla tenacia, potrai diventare tutto ciò che desideri.

NOTE:

Capitolo 11:
Impegno o talento?

In questo capitolo imparerai che anche il talento più eccezionale non può nulla contro l'impegno costante: è solo questo il vero segreto del successo.

Uno degli elementi chiave dell'apprendimento di un atteggiamento positivo consiste nella consapevolezza che l'impegno è più importante del talento. E tu puoi scegliere di utilizzare questa informazione a tuo vantaggio, per creare la migliore versione possibile di te stessa e continuare a migliorarti ogni singolo giorno.

Proviamo a considerare un esempio pratico. Mettiamo il caso che tu non sia particolarmente brava a scuola, o che quanto meno questo sia quello che credi tu. Ebbene, questo non significa affatto che il tuo percorso scolastico è destinato ad essere mediocre. Lavorando duramente potrai tranquillamente ottenere voti più alti e sentirti più sicura di te grazie all'esercizio costante.

E lo stesso discorso vale per ogni ambito a cui ti vuoi dedicare.

62 – Il talento da solo è inutile

Il primo fondamentale punto di partenza consiste nel prendere atto del fatto che il talento da solo è del tutto inutile. Una persona può essere incredibilmente talentuosa ma non concludere mai nulla, semplicemente per il fatto che non ha neanche iniziato ad impegnarsi nella giusta direzione. Nessuna grande atleta, per fare un esempio, sarebbe mai diventata una professionista se non si fosse allenata ogni giorno, dando il massimo.

E questo vale anche per te. Potresti essere incredibilmente talentuosa e capace, ma non arriverai da nessuna parte se non lavori per ottenere ciò che desideri. Infatti, arriverà per forza un momento in cui ti sembrerà di non essere abbastanza brava per farcela, e l'impegno che avrai dedicato sarà precisamente ciò che compenserà la tua mancanza di esperienza.

La conclusione è semplice. Dal momento che il talento da solo è inutile, non resta altro da fare che impegnarsi fin dall'inizio, creando una buona etica del lavoro da applicare ai diversi ambiti della tua vita. Se saprai comportarti nel modo giusto quando le cose vanno bene, potrai farlo anche nelle difficoltà.

63 - Anche le persone di talento falliscono

Quando pensiamo ai geni, crediamo sempre che siano persone piene di talenti, che non hanno mai dovuto fare fatica per ottenere nulla. In realtà, non è praticamente mai così. Solitamente, le persone che sono considerate le migliori nei loro campi hanno speso davvero moltissi- mo tempo e fatica per arrivare dove sono. Questo perché senza il duro lavoro, il talento non significa nulla.

Pensa per esempio a J.K. Rowling, l'autrice della famosa saga di "Harry Potter". Ti sembrerà una scrittrice geniale, ma in realtà venne rifiutata da moltissime case editrici prima di riuscire a pubblicare il suo primo libro e avere un enorme successo. E questo semplicemente perché non si è arresa ma ha continuato a lavorare duramente e ad impegnarsi, a prescindere dal talento che poteva avere oppure no. Se invece avesse contato solo sul talento si sarebbe arresa ben prima del fatidico sì, e avrebbe fallito.

La storia è piena di personaggi di questo tipo, che ci insegnano che a prescindere dal talento o dalla mancanza di talento possiamo fallire e avere successo grazie a quanto ci impegniamo. Sta a te quindi non arrenderti e continuare a provare, imparando dai tuoi errori e andando sempre avanti, finché non raggiungi il tuo obiettivo.

64 - Scopri il segreto del successo

Se provi a paragonare una persona naturalmente dotata con una che si impegna, scoprirai che l'impegno batte il talento praticamente ogni singola volta. Certo, la persona che ha talento potrebbe partire avvantaggiata, ma finirebbe per cedere con il passare del tempo. Questa è un'informazione che puoi usare a tuo vantaggio.

Se per caso non sei particolarmente dotata in un campo, continua ad impegnarti. Alla fine, sarai in grado di battere gli altri ragazzi che non si sono impegnati quanto te, per quanto dotati. E viceversa, se hai talento non sederti sugli allori, ma continua ad impegnarti sempre per migliorare e non farti superare da chi sta a sua volta dando il massimo.

Poco fa abbiamo raccontato la storia di J.K. Rowling per mostrare come la maggior parte delle persone di successo sono innanzitutto dei lavoratori, a prescindere dal loro talento. E gli esempi di personaggi che hanno seguito lo stesso percorso sono davvero tantissimi.

Ecco quindi qual è il segreto del successo: lavorare sempre per raggiungere i propri obiettivi. Questo percorso inizia proprio con la scuola, che è la tua prima carriera vera e propria. Dai il tuo massimo fin da ora per riuscire in seguito a sfruttare tutte le capacità che stai assorbendo in questi anni.

65 - Sarai ciò che stai diventando ora

La maggior parte degli studenti non crede di doversi impegnare a scuola perché "tanto quello che sto studiando non serve nella vita vera". E lo pensano soprattutto quei ragazzi che non vogliono andare all'università.

Naturalmente non è affatto così. Anche se sai già di non voler andare all'università, l'atteggiamento mentale e l'etica del lavoro che crei in questi anni di accompagnerà per tutto il resto della tua vita, anche in ambito professionale.

Ci sono davvero moltissime capacità che si imparano a scuola e che hanno un'applicazione pratica nella vita di tutti i giorni. Leggere e scrivere, tanto per cominciare, sono due attività che dovrai portare avanti ogni singolo giorno, anche in ambiti diversi. E questo vale anche per gli insegnamenti indiretti, come per esempio la disciplina che ti porta ad alzarti tutte le mattine e ad essere puntuale, o la capacità di concentrarti e impegnarti per raggiungere un obiettivo.

Prova a pensarla così. Se riesci a impegnarti anche nelle cose che non ti piacciono o per cui non provi alcun interesse, immaginati cosa potrai fare con ciò che ti piace e che ti appassiona.

La scuola è una perfetta opportunità per imparare proprio a lavorare e affrontare le difficoltà nel modo migliore possibile. Inizia quindi fin da ora a concentrarti su come migliorare le tue potenzialità e diventare sempre più brava, impegnandoti continuamente.

In breve

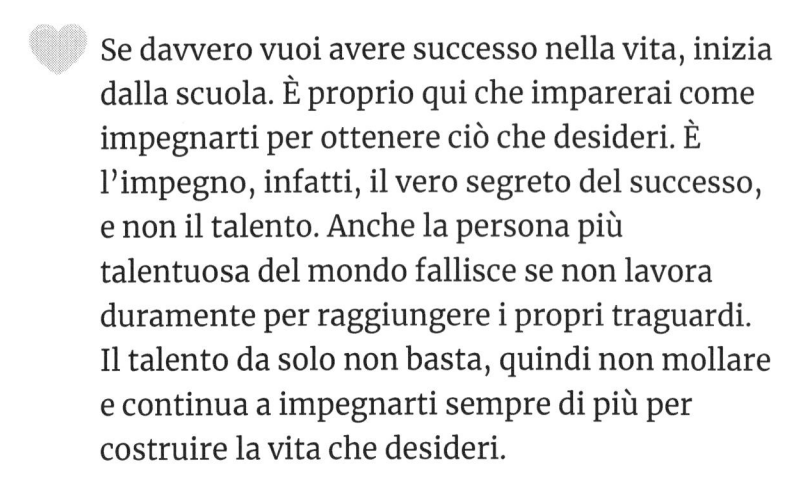

♥ Se davvero vuoi avere successo nella vita, inizia dalla scuola. È proprio qui che imparerai come impegnarti per ottenere ciò che desideri. È l'impegno, infatti, il vero segreto del successo, e non il talento. Anche la persona più talentuosa del mondo fallisce se non lavora duramente per raggiungere i propri traguardi. Il talento da solo non basta, quindi non mollare e continua a impegnarti sempre di più per costruire la vita che desideri.

NOTE:

....

....

....

....

Esercizio 6:
Il mio talento

Spesso pensiamo che il talento sia tutto ciò che serve per avere successo, ma la verità è che l'impegno, la costanza e la voglia di migliorarsi sono ancora più importanti. In questo esercizio, rifletterai su come puoi combinare talento e impegno per raggiungere i tuoi obiettivi.

1. **Qual è il tuo talento?** Scrivi una o più cose in cui sei brava o che ti appassionano. Non essere timida, tutti abbiamo talenti, grandi o piccoli!
2. **Impegno**: Ora pensa a quanto ti impegni per migliorare in quel talento. Scrivi tre modi in cui puoi impegnarti di più per coltivarlo (es. esercitarti ogni giorno, leggere libri sull'argomento, chiedere consigli a qualcuno).
3. **Il mio piano di miglioramento**: Crea un piccolo piano settimanale per dedicare più tempo e impegno al tuo talento. Anche solo 15 minuti al giorno possono fare la differenza!
4. **Riflessione**: Alla fine della settimana, scrivi cosa hai imparato dal mettere impegno nel coltivare il tuo talento. Ti sei sentita più soddisfatta? Hai notato miglioramenti?

Il mio talento:

Impegno:
1.
2.
3.

Lunedì

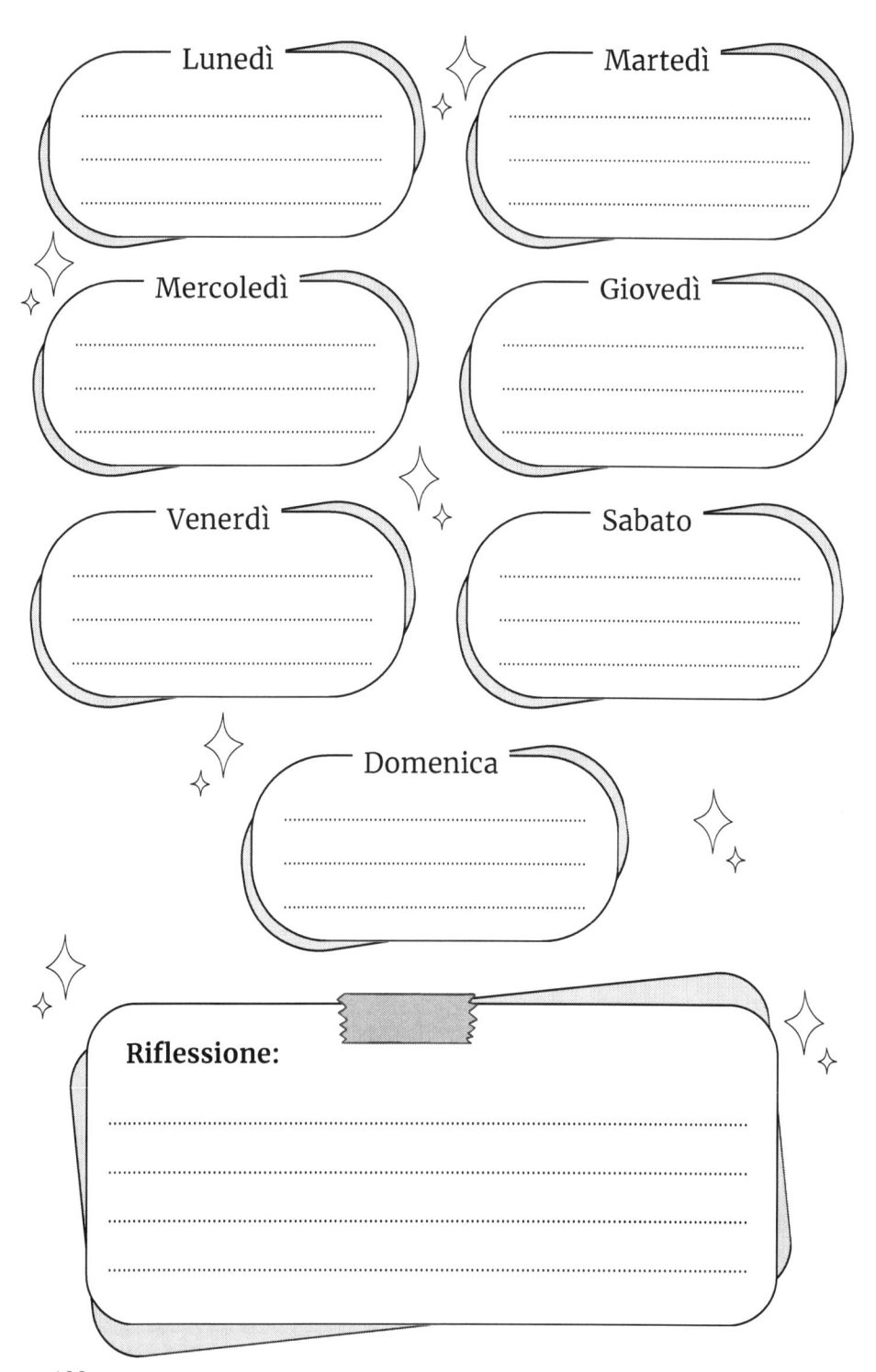

Martedì

Mercoledì

Giovedì

Venerdì

Sabato

Domenica

Riflessione:

PARTE 4:
Le relazioni

Capitolo 12:
I genitori

In questo capitolo imparerai come gestire il rapporto con i tuoi genitori.

Il rapporto con i propri genitori è sicuramente uno dei più importanti per qualsiasi ragazza. È importante che sia sano, rispettoso, e che porti ad un aiuto reciproco. A prescindere da chi siano i tuoi genitori, è davvero bello avere un buon rapporto con loro, perché a partire da esso riuscirai anche a stabilire come comportarti e interagire con le altre persone.

Insomma, imparando a capire i tuoi genitori e ad interagire con loro potrai diventare non solo una figlia migliore, ma anche una persona migliore.

66 - Anche i genitori stanno imparando

La prima cosa da capire è che genitori non si nasce. I genitori sono esseri umani che stanno ancora imparando e che proprio per questo possono commettere degli errori. Per quanto ai nostri occhi questa sia un'offesa non da poco, in realtà si tratta di una normale conseguenza del processo di apprendimento.

Questo significa che i tuoi genitori non saranno certo perfetti, ma di sicuro stanno facendo del loro meglio per crescerti in modo che tu possa essere sicura di te, felice e sana, nonostante ci possano anche essere degli incidenti di percorso.

Proprio come i tuoi errori, anche i loro sono solo occasioni per capire qualcosa in più e per conoscersi meglio, quindi cerca di prenderli anche tu come tali.

67 - Fagliela passare liscia qualche volta
E proprio perché, dopotutto, i tuoi genitori stanno ancora imparando, prova a fargliela passare liscia qualche volta. Naturalmente sarebbe facile arrabbiarsi quando sbagliano, ma probabilmente loro la stanno vivendo anche peggio di te, quindi non c'è bisogno di infierire.

Pensa che tantissimi genitori passano la notte in bianco a pensare a cosa hanno sbagliato e a come avrebbero potuto comportarsi diversamente. E questo senza neanche bisogno che tu gli faccia pesare il loro errore. Perché non provi quindi ad aiutarli e a capirli, invece di urlare loro addosso?

In fondo stanno facendo del loro meglio per crescerti e per crescere anche loro stessi nel frattempo. Non è certo un compito facile.

68 - Prenditi il tempo di conoscere i tuoi genitori
Anche i genitori sono delle persone come tutte le altre. Questo significa che hanno un loro carattere, delle cose che amano e che odiano, e tutta una serie di interessi e occupazioni che vanno ben oltre il loro ruolo di mamma o di papà. Sei sicura di conoscerli davvero?

Riuscire a conoscere i tuoi genitori è un processo molto soddisfacente. Certo, solitamente il loro ruolo è quello di crescerti, di guidarti e di darti consiglio, ma non c'è alcun motivo per cui non possano anche diventare tuoi amici. Scoprirai che almeno uno dei tuoi genitori, se non entrambi, è incredibilmente simile a te e condivide molte delle tue stesse esperienze. E anche se dovessi scoprire che in fondo siete davvero diversi, questo non cambia il fatto che ora avere creato dei nuovi ricordi insieme, e che potrete raccontare storie di questo periodo per il resto delle vostre vite.

Vale davvero la pena prendersi del tempo per conoscere i propri genitori il più spesso possibile. Puoi iniziare a farlo chiedendo loro come erano alla tua età, in modo da creare subito un punto di vicinanza. A mano a mano che crescerai, il vostro rapporto diventerà sempre più profondo, e arriverai a capirli sempre di più.

69 - Chiedi consiglio ai tuoi genitori

L'ultimo suggerimento per quanto riguarda il rapporto con i tuoi genitori consiste nel chiedere loro consiglio.

Lo sappiamo, non è semplicissimo. I genitori sembrano sempre troppo vecchi e di un'altra generazione, ed è facile credere che non capiscano cosa stai passando e tanto meno il modo per come lo conosci tu.

Questo però non è del tutto vero. Come abbiamo appena detto, anche i genitori sono delle persone come tutte le altre, ed è impossibile quindi che la loro vita si sia fermata nel momento in cui sei nata tu. Sanno come è il mondo e possono aiutare anche te a capirlo meglio: dopotutto, è per questo che ci sono. Saranno felici di aiutarti quando sei in difficoltà, e tutto quello che devi fare è semplicemente chiedere consiglio.

Naturalmente all'inizio potresti sentirti un po' strana nel farlo, ma alla fine ne sarai felice. I tuoi genitori non hanno alcun interesse a giudicarti o a metterti in difficoltà: desiderano solamente che tu stia bene.

In breve

♥ La prima relazione che crei con le altre persone è quella con i tuoi genitori, quindi costruire un rapporto con loro che sia sano e felice è il primo passo per essere una persona migliore.
Per quanto la differenza di età possa farteli sentire lontani, in realtà i genitori sono persone proprio come tutte le altre, che possono commettere errori ma anche aiutarti a risolvere i tuoi. Dai loro una possibilità e impara a conoscerli.

NOTE:

Capitolo 13:
I fratelli

In questo capitolo imparerai come gestire il rapporto con i tuoi fratelli.

Anche il rapporto con i tuoi fratelli è particolarmente importante, ed è secondo solo a quello con i tuoi genitori. Una relazione salda con i tuoi fratelli può durare per tutta la vita, e può davvero essere un punto fermo anche con il passare degli anni. E anche se tu dovessi essere figlia unica, questo non significa che devi rinunciare per forza a questa esperienza: anche un cugino o un amico di famiglia può diventare proprio come un fratello.

70 - I tuoi fratelli sono tuoi amici

Se hai dei fratelli, congratulazioni: sei molto fortunata. Se li tratti con il rispetto che meritano, ti sei appena guadagnata degli amici per la vita. Dopotutto, non conoscerai mai nessuno tanto bene quanto loro, e viceversa: siete cresciuti nello stesso ambiente e molto probabilmente avete un intero bagaglio di esperienze in comune, e proprio per questo possono diventare le tue spalle.

Questo è un bel vantaggio!

Invece di vederli come nemici, prova a considerarli degli alleati. Unite le forze. Anche se questo sicuramente potrebbe mettere in difficoltà i vostri genitori quando siete più giovani, con il passare del tempo sarà meglio per tutti e imparerete ad apprezzare questo rapporto sempre di più.

Questo significa che, invece di mettervi sempre i bastoni fra le ruote, potete scegliere di aiutarvi a vicenda. Dopotutto, due teste sono sicuramente meglio di una sola, e qualunque problema può così essere risolto.

Quindi non importa quanti fratelli tu abbia: crea con loro un legame duraturo e divertiti un sacco con tutti loro.

71 - Passa del tempo con i tuoi fratelli

Uno dei modi migliori per legare con i tuoi fratelli consiste nel fare qualche attività insieme, meglio ancora se è all'aria aperta. Invece di stare seduti in casa a fissare uno schermo, prova ad uscire insieme a loro e create dei nuovi ricordi insieme.

Potreste per esempio provare ad esplorare il circondario. Non importa se vivete in campagna o in città, ci sono sempre degli angoli divertenti e interessanti tra cui scegliere. In questo modo potrete davvero creare dei ricordi che vi accompagneranno per tutta la vita e di cui riderete insieme da vecchi.

72 - Chiedi consiglio ai tuoi fratelli maggiori

Se sei la sorella minore, non avere paura di chiedere consiglio ai tuoi fratelli maggiori, meglio ancora se sono sorelle.

Di sicuro non ti giudicheranno per questo, anzi: il loro desiderio è proprio quello di aiutarti, soprattutto se avete un buon rapporto. Dopotutto, qualunque sia il tuo problema, con tutta probabilità ci sono passati anche loro, e da poco per giunta!

73 - Proteggi i tuoi fratelli minori

Se invece la sorella maggiore sei proprio tu, allora tieni sempre d'occhio i tuoi fratellini. Il tuo ruolo è proprio quello di aiutare i tuoi genitori a proteggerli ed aiutarli, per quanto ti è possibile. Vedrai che quando saranno più grandi ti ringrazieranno per tutti i consigli che gli hai dato. Allo stesso tempo, però, cerca anche di evitare di comportarti come un genitore. A nessuno piace ricevere delle "lezioncine" da qualcuno che non è la mamma o il papà, quindi non sostituirti a loro. Agisci solo quando sai per certo che uno dei tuoi fratellini è nei guai e ha bisogno di aiuto, ma permetti anche a loro di sbagliare e di vivere la loro vita come meglio credono.

In breve

♥ I tuoi fratelli possono essere i tuoi migliori amici se solo lo desideri. Crea un bel legame con loro e divertitevi assieme per creare dei ricordi che dureranno per tutta la vostra vita. Aiutandovi e consigliandovi a vicenda avete davvero tra le mani il più grande vantaggio possibile.

NOTE:

....
....
....
....

Capitolo 14:
I nonni

In questo capitolo imparerai come gestire il rapporto con i tuoi nonni.

Quando si è piccoli, capita a volte di avvertire i propri nonni come un peso. Magari non si ha voglia di parlare al telefono con loro, o di dormire lì, se capita. Sembra quasi di non potersi divertire insieme a loro.

Purtroppo, sono davvero tanti i nipoti che la pensano proprio così. Ed è davvero un peccato, perché a causa della loro età hai pochissimo tempo da trascorrere con i tuoi nonni, che hanno una vita di conoscenze e di storie da tramandarti.

Attraverso una bella relazione con i tuoi nonni puoi davvero vivere mille avventure.

74 - Ricordati che sei fortunata
Molti non hanno l'opportunità di conoscere i propri nonni. Non ci sono più, e con loro è sparito tutto il bagaglio di storia famigliare, conoscenza e aneddoti che conservavano.

Proprio per questo, se i tuoi nonni sono ancora con te devi considerarla una vera e propria benedizione. Sei davvero fortunata a poter costruire una relazione con loro, a conoscerli e a trascorrere del tempo insieme. A mano a mano che diventi più vecchia, imparerai sempre di più ad apprezzare questo rapporto, soprattutto fintanto che sono in buona salute. E se già hai un rapporto speciale con i tuoi nonni, allora puoi davvero considerarti fortunata.

Se invece i tuoi nonni non ci sono più, questo non vuol dire che non puoi avere una relazione simile con qualcun altro. Può essere un prozio o una prozia, degli amici di famiglia dei tuoi nonni, qualcuno con cui puoi creare un rapporto di scambio dello stesso tipo. Si tratta comunque di una grande fortuna.

75 – Scopri da dove viene la tua famiglia

Una delle storie più interessanti che i tuoi nonni possono raccontarti è quella della tua famiglia.

Anche i tuoi genitori potrebbero non essere altrettanto preparati sull'argomento, ma con il passare degli anni questo tipo di informazioni diventano sempre più importanti, ed è proprio questo il motivo per cui i nonni sono dei veri e propri scrigni di tradizioni e racconti. Ed è davvero interessante.

Cerca in tutti i modi di chiedere ai tuoi nonni da dove viene la vostra famiglia, il vostro passato, e tutti i racconti che la riguardano. Capire da dove si viene può essere il primo passo per scoprire dove si sta andando. Oltretutto, ogni nonno ha una sua particolare tecnica per raccontare le proprie storie, ed è sempre divertente scoprire quali ricordi questo racconto suscita.

76 - Passa del tempo con i tuoi nonni

Oltre a parlare della vostra storia famigliare, esistono davvero tante attività che puoi svolgere per legare con i tuoi nonni.

Per quanto all'inizio ti possa sembrare di non avere nulla in comune con loro, in realtà scoprirai che avete tante cose che vi legano. Per esempio, molti nonni continuano ad essere appassionati di sport anche se magari non sono più abbastanza in forma da praticarli: potreste guardare una partita insieme e commentarla. O magari invece quello che piace ad entrambi sono i lavoretti artigianali, come lavorare il legno o fare giardinaggio: cosa c'è di meglio per legare che fare questo tipo di attività insieme? Potresti addirittura chiedere alla tua nonna di insegnarti a cucire o a ricamare: è un hobby molto rilassante e ti potrebbe davvero piacere molto.

Attraverso il tempo che trascorrete vicini, tu e i tuoi nonni potrete legare sempre di più. E anche se vivete lontani, oggi la tecnologia permette di stare insieme anche a distanza, in qualunque parte del mondo vi troviate. Insegna ai tuoi nonni come usare questi strumenti per poter comunicare sempre.

In breve

♥ Attraverso una bella relazione con i tuoi nonni puoi davvero vivere mille avventure. Chiedi loro di raccontarti la storia della vostra famiglia, oppure passate del tempo insieme scoprendo quali hobby avete in comune. Grazie alla tecnologia oggi ci sono davvero mille modi per stare insieme, quindi non perdere questa occasione.

NOTE:

....
....
....
....

Capitolo 15:
Gli amici

In questo capitolo imparerai come gestire il rapporto con i tuoi amici.

Da ragazze, tutto il nostro mondo ruota intorno alle amicizie. Per molte, è proprio questo il tipo di relazione più importante di tutte. Avere buoni amici è la base per una vita soddisfacente, felice e sana, quantomeno a questa età. E questo ha perfettamente senso se pensiamo che gli amici sono proprio una delle prime relazioni di cui impariamo qualcosa.

Tuttavia, anche se le amicizie giocano un ruolo tanto importante nella costruzione di una vita soddisfacente, per contro le amicizie negative possono anche rovinare tutto. La pressione delle persone che hai intorno e che non conosci a fondo può essere veramente spaventosa.

Alla luce di questo pericolo costante, la capacità di trovare veri amici di cui fidarti ciecamente è particolarmente importante.

77 - Meglio pochi ma buoni

Un famoso detto afferma: meglio pochi ma buoni.

Ed è proprio vero. Spesso a scuola l'impressione è che le persone popolari abbiano centinaia di amici e che questo sia un obiettivo da raggiungere a tutti i costi. È importante capire, però, che in questo caso non abbiamo

degli amici ma delle semplici conoscenze, che non hanno quindi la stessa rilevanza per la nostra vita.
Per avere una soddisfazione più duratura, è meglio avere pochi amici che tante conoscenze. Questo perché, anche in numero ridotto, i veri amici ci saranno sempre quando avrai bisogno di loro, sarai felice di averli accanto e il vostro rapporto sarà sano e positivo. Delle conoscenze invece ci importa poco, molte volte non riusciamo nemmeno a sentirci a nostro agio accanto a loro e non li conosciamo neanche bene.

Concentra quindi la tua attenzione su quei pochi amici con cui vuoi davvero sviluppare un rapporto importante. Sono queste le persone su cui potrai fare affidamento quando sarai in difficoltà, che dureranno nel tempo e che ci saranno sempre nella tua vita.

78 - Anche gli introversi hanno bisogno di amici

Se sei una persona introversa, l'impresa di trovare degli amici ti sembrerà più difficile che mai.
Eppure, anche tu ne hai bisogno. L'unica differenza è che potrebbe bastarti qualche amico in meno, e che puoi decisamente fare a meno dei grandi gruppi, in cui ti sembra quasi di sparire. Ma anche tu quando sei nei guai hai bisogno di qualcuno che ti stia accanto e che ti faccia sorridere.

La chiave per trovare degli ottimi amici anche se sei un'introversa consiste semplicemente nel cercare altri introversi come te. Certo, puoi fare amicizia anche con degli estroversi, ma se questo ti crea delle difficoltà puoi semplicemente trovare qualcuno come te, che possa farti compagnia in un modo che non ti faccia sentire sopraffatto.

79 - Tu sei i tuoi amici
Quando scegli gli amici, è importante sceglierli saggiamente. Dopotutto, tu sei davvero i tuoi amici.
Ma cosa vuol dire?
Che tutti noi veniamo facilmente influenzati dalle persone con cui stiamo abitualmente. Se frequenti tutto il tempo persone cattive, irresponsabili ed egoiste, con tutta probabilità ben presto diventerai anche tu come loro. Viceversa, se i tuoi amici saranno ragazzi che si impegnano, sono gentili e fanno del bene, anche tu sarai portato a comportarti come loro.

Il fatto che le persone di cui ti circondi riescano a modificare così tanto il modo in cui ti comporti e chi sei rende la scelta degli amici ancora più importante. È fondamentale cercare sempre qualcuno che rispetti, ammiri e con cui vuoi davvero trascorrere il tuo tempo. Selezionare gli amici in questo modo ti aiuterà a creare la versione migliore di te stessa, e anche tu potrai aiutarli a fare altrettanto.

Certo, essere selettivi significa anche che ti rimarranno meno persone tra cui scegliere. Ma quelli che alla fine saranno i tuoi amici saranno anche i migliori possibili. Continua comunque a trattare chiunque con rispetto, anche quando non rappresenta una buona influenza per te. In questo modo, potrai semplicemente allontanarti e mantenere saldi i tuoi valori.

80 - Gli amici vanno e vengono

Ancora una volta, dobbiamo parlare del cambiamento. Sì, perché questo concetto si applica anche alle amicizie, proprio come a tutto il resto.

Anche le amicizie possono cambiare nel corso del tempo, che lo vogliamo oppure no. Vedere allontanarsi un amico è sempre triste, a prescindere dalle circostanze, tuttavia non c'è nulla che si può fare per impedirlo. È una parte inevitabile della vita. Addirittura, alcuni studi hanno dimostrato che la maggior parte delle amicizie create nell'infanzia non durano oltre le scuole superiori. E il motivo è proprio che si cambia, e tanto. A mano

a mano che gli anni passano, due amici potrebbero rendersi conto che non ci sono più abbastanza cose in comune per tenerli uniti a distanza di tempo. E quindi, anche se ci si vuole bene lo stesso e si hanno ricordi positivi di quella relazione, nulla è più come prima.

Potresti non accorgerti che questo processo sta avvenendo fino a quando non sarai uscita dalle scuole superiori. Quando ognuno dovrà prendere la sua strada, alcune amicizie cambieranno in modo definitivo. Buone notizie, però: troverai altre persone, nuovi amici che hanno più cose in comune con la persona che sei diventata. E andrà tutto bene.

81 - Litigare è normale...

Quanto spesso capita negli anni dell'adolescenza di litigare con gli amici? O in realtà, ancora più spesso, con le amiche? Questo periodo coincide con la scoperta della tua identità e di chi vuoi essere, e questo significa che potresti ritrovarti a litigare molto più spesso di prima.

Un litigio naturalmente non segna la fine di un'amicizia: è solo parte di un processo che renderà il rapporto ancora più forte. D'altra parte, è impossibile essere sempre d'accordo su tutto, soprattutto in una fase in cui stai scoprendo quali sono i tuoi valori e in cosa credi davvero. Tuttavia, esistono sicuramente dei litigi "buoni" e dei litigi "cattivi".

82 - ...l'importante è risolvere

Le ragazze possono essere davvero cattive, questo è sicuro, ma solitamente questa cattiveria può derivare da motivi differenti. Potrebbe per esempio essere causata da un fraintendimento, soprattutto se comunicate spes- so per messaggi e non a voce. È davvero molto semplice fraintendere il tono con cui è stato detto qualcosa. La soluzione in questo caso è semplice: basta parlarne.

Un'altra causa comune di litigio dipende da una bassa autostima, e di conseguenza dalla gelosia. Quanto spesso si litiga semplicemente perché si è invidiosi del successo dell'altro e ci si sente inferiori? Se questo è davvero il motivo alla base del litigio, la causa scatenante potrebbe essere davvero qualsiasi cosa.

Se ti trovi di fronte a questo secondo caso, o comunque ad un litigio causato da qualsiasi cosa che non sia un fraintendimento, le strade da seguire possono essere diverse in base alla situazione.

Puoi provare a dare spazio alla tua amica, lasciando che "sbollisca" la rabbia per poi parlarne con calma: a volte si dicono delle cose che non si pensano solo perché si è preda delle emozioni, quindi lascia che passi del tempo. Fissa un determinato momento in cui ne parlerete per chiarirvi. È molto meglio se ne parlate a voce, per evitare qualsiasi altro fraintendimento.

A questo punto, la conversazione può davvero essere utile solo se ognuna delle due parti esprime i propri sentimenti sinceramente, descrivendo la situazione per come l'ha vissuta. Presumere di conoscere i pensieri dell'altra non è mai una soluzione.

Ricorda, però: se il litigio è particolarmente brutto o la tua amica è troppo cattiva, non esitare ad allontanarti. Non tutti i litigi possono essere risolti e non tutte le relazioni sono sane, ed è giusto riconoscere il momento in cui ci stiamo solo facendo del male. Ma approfondiremo meglio questo argomento nel prossimo capitolo.

In breve

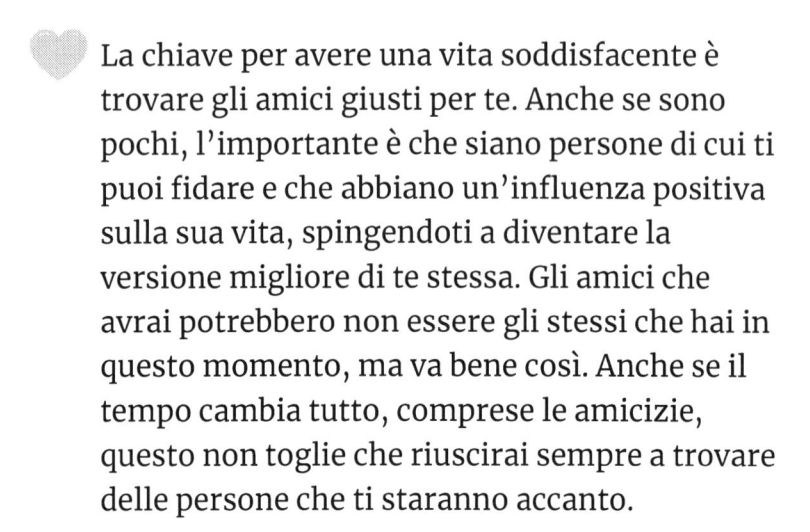

♡ La chiave per avere una vita soddisfacente è trovare gli amici giusti per te. Anche se sono pochi, l'importante è che siano persone di cui ti puoi fidare e che abbiano un'influenza positiva sulla sua vita, spingendoti a diventare la versione migliore di te stessa. Gli amici che avrai potrebbero non essere gli stessi che hai in questo momento, ma va bene così. Anche se il tempo cambia tutto, comprese le amicizie, questo non toglie che riuscirai sempre a trovare delle persone che ti staranno accanto.

NOTE:

Esercizio 7:
Rendi felici gli altri

Hai mai notato quanto ti senti bene quando riesci a far sorridere qualcuno? Studi dimostrano che rendere felici gli altri, anche con piccoli gesti, può aumentare la tua felicità. Ora, pensa alle persone che ti stanno più a cuore: può essere un familiare, un'amica, o qualcuno che conosci bene. Scrivi il loro nome in una colonna e, accanto, annota un'azione semplice che potresti fare per farli felici. Potrebbe essere aiutare la mamma in casa, fare un regalo a sorpresa ad un'amica, o semplicemente dire una parola gentile a qualcuno. Non aspettarti nulla in cambio, ma osserva come queste piccole azioni possono rendere più luminosa la tua giornata.

NOME	AZIONE
....	....
....	....
....	....
....	....
....	....
....	....
....	....
....	....

Capitolo 16:
La pressione sociale e i falsi amici

In questo capitolo imparerai come gestire la pressione sociale e i falsi amici.

Lo abbiamo detto, il rapporto con i nostri pari è fondamentale. Può trattarsi di un tuo amico o di un altro ragazzo della tua età che potrebbe potenzialmente essere un amico. In entrambi i casi, molto spesso potresti sentirti costretta a fare qualcosa che non vuoi fare o che non ti fa sentire a tuo agio.

Quello che provi si chiama pressione sociale.

83 - Non lasciarti influenzare

La pressione sociale consiste essenzialmente in quella spinta che ti viene data dalle persone intorno a te, e che ti fa sentire come se avessi bisogno di fare determinate cose semplicemente per essere accettata o essere parte del gruppo.

Capirai bene che questo meccanismo può essere anche molto pericoloso, a seconda di ciò che il gruppo ti spinge a fare, e molto spesso può farti sentire in colpa o farti vergognare di ciò che fai. Può trattarsi di vestirsi in un determinato modo, lasciare che gli altri copino i tuoi compiti anche se non vorresti, mangiare certi cibi o non mangiarli affatto, ma anche fumare o fare uso di droghe, rubare o darti al vandalismo.

Insomma, la pressione sociale può essere davvero molto pericolosa.

Purtroppo, non c'è molto che tu possa fare per evitarla, tranne stare molto attenta. Di fatto, alcune volte potresti farti influenzare senza nemmeno accorgertene. L'unico modo per riuscire a gestirla è imparare a conoscerti sempre meglio, e a capire quali sono i valori fondamentali che non vorresti mai abbandonare. Finché resterai fedele a quelli, saprai di essere sulla giusta strada.

84 - Impara a riconoscere i falsi amici

Come abbiamo detto nel capitolo precedente, non tutte le amicizie sono delle buone amicizie. Tutti noi abbiamo avuto almeno un amico che si è approfittato di noi o ci ha fatto sentire a disagio. E magari era anche una persona a cui eravamo davvero molto legati.

Il modo migliore per riconoscere questo tipo di amici consiste nel farsi delle domande per stabilire quanto la vostra relazione sia sana. Ecco qualche esempio:

- Mi piace davvero trascorrere del tempo con questa persona?
- Come mi fa sentire questa persona quando siamo insieme?
- Come mi sento dopo aver parlato con lei?
- Questa amicizia mi fa sentire più forte?
- Mi sento stanca dopo aver parlato con questa persona?

La risposta a queste domande può davvero indicarti quanto una relazione sia sana oppure no.
Ricorda sempre che la qualità di una relazione non si misura con il numero di litigi: quelli capitano a tutti. I veri amici sono quelli con cui non vedi l'ora di passare del tempo e che ti fanno sentire bene.

85 - Essere accettati è accettare
Il rispetto può essere difficile da comprendere all'inizio.

Nella sua forma più semplice, consiste in una forma di accettazione. Il rispetto di te stessa consiste nell'accettarti per come sei, mentre il rispetto per gli altri vuol dire accettarli come individui unici. Se vuoi accettarti devi per forza rispettarti, e lo stesso vale per gli altri.

Nel percorso che ti porta a conoscere te stessa, è importante avere un sano rispetto di sé. Questo significa che devi imparare a rispettarti per come sei, completamente, pregi e difetti inclusi. Sperare di essere qualcun altro o di avere caratteristiche diverse da quelle che hai è una mancanza di rispetto nei tuoi confronti, e tu non ti meriti questo.

Il rispetto si applica anche ai tuoi valori e al tuo senso di cosa è giusto e cosa è sbagliato. Significa non dover scendere a compromessi riguardo a ciò in cui credi e alla tua morale. Al contrario, accetta il tuo pensiero e continua a credere in ciò che pensi sia giusto.

86 - Tu sei importante: rispetta te stessa per rispettare gli altri

Una volta sviluppato il rispetto di te, non sacrificarlo per nulla al mondo.

Con tutta probabilità ti troverai in una serie di circostanze in cui ti sentirai costretta a fare qualcosa che ti sembra sbagliato. Se cedi e vai contro il tuo sistema di valori non ti stai rispettando: stai invece dicendo che i tuoi valori non sono degni di essere seguiti e accettati.

Potresti finire per sentirti imbarazzata o anche per vergognarti di te stessa. Potresti finire nei guai o trovarti su un percorso completamente sbagliato per te. In entrambi i casi, sarai tu, e solo tu, a dover fare i conti con le conseguenze delle tue azioni, e non chi ti ha condizionato.

Quindi ricorda sempre: i tuoi valori sono importanti, quello in cui credi è importante, tu sei importante. Oltretutto, è impossibile rispettare gli altri fino a che non si rispetta sé stessi. Quello stesso rispetto potrà poi essere esteso anche al di fuori di noi stessi. Solo così possiamo avere relazioni sane.

87 - Cerca relazioni sane

Proprio così: il segreto per avere delle relazioni sane sta proprio nel rispetto reciproco. Non è possibile avere una relazione di nessun tipo se non si nutre del rispetto per l'altra parte. Tramite questo sentimento è possibile costruire una rete di sicurezza e di benessere su cui si fondano l'amicizia e l'affetto.

Il rispetto deve permeare qualunque tipo di relazione tu abbia: con i tuoi genitori, la tua famiglia, gli amici, i compagni di classe, e anche le semplici conoscenze. Questo significa innanzitutto che devi imparare ad accettare gli altri per come sono, anche se sono diversi da te, e fare di questo un punto fermo su cui costruire ogni singola relazione, adattando il tuo comportamento a chi trovi dall'altra parte.

88 - Se non sei felice, allontanati

A questo punto, avrai probabilmente capito qual è il passaggio successivo del nostro ragionamento. Se rispettare gli altri è tanto importante, vale forse la pena di sacrificare il rispetto di sé stessi per andare loro incontro?
Naturalmente no.
È altrettanto importante capire quando è il momento di arrendersi e, semplicemente, allontanarsi da chi non fa al caso nostro. Se il nostro interlocutore vive in base ad uno schema di valori completamente opposto al nostro, se il suo senso di cosa è giusto e cosa è sbagliato non c'entra niente con noi, va bene allontanarsi. Basta farlo con rispetto.

Permetti quindi anche agli altri di compiere le decisioni che reputano giuste, senza imporre il tuo punto di vista ma neanche facendo finta che non esista. Le opinioni altrui hanno lo stesso valore delle tue, ed entrambi gli schemi di valori hanno diritto di esistere in quanto tali, senza influenzarsi e condizionarsi a vicenda.

89 - Trova un nuovo gruppo di amici

I cattivi amici non devono assolutamente rimanere nella tua vita. Cerca invece di circondarti di persone che ti fanno sentire bene e che ti rendono felice. Per fare questo potrebbe anche essere necessario creare un nuovo gruppo di amici. Se questo ti spaventa, niente paura: è più semplice di quello che credi.

Tanto per cominciare, inizia a fare una lista di tutte le persone di cui sei amica al di fuori del gruppo che non va più bene per te. Magari la lista è più lunga di quello che ti aspetti, e i tuoi nuovi amici sono già pronti per creare un nuovo gruppo. Non sottovalutare nessuno: la tua prossima migliore amica potrebbe essere quella ragazza che si allena accanto a te in palestra, o quella con cui aspetti il pullman tutte le mattine.

Quindi inizia a frequentare dei luoghi dove puoi conoscere persone nuove. Potresti per esempio iscriverti ad un nuovo sport, frequentare lezioni per migliorare in uno dei tuoi hobby o magari anche scegliere attività più particolari, come un gruppo di lettura. In questo modo conoscerai tanti possibili amici con i tuoi stessi interessi, e avrai anche già la scusa per rompere il ghiaccio.

A questo punto, cerca di passare più tempo possibile con queste persone invece di frequentare il tuo vecchio gruppo. Ci vorrà del tempo ma riuscirai a distaccarti e ad avere amicizie più sane e positive. Non arrenderti!

In breve

Il rispetto è una componente fondamentale dell'imparare a conoscersi e a relazionarsi con gli altri. Solo con il rispetto di te stessa riuscirai ad accettarti e ad accettare chi ti sta vicino. La pressione sociale e i falsi amici potrebbero cercare di spingerti ad essere qualcun altro e a fare cose di cui sicuramente di pentirai. È fondamentale invece mantenere saldi i propri valori e la propria identità. Non sacrificare mai questo punto fermo per niente e per nessuno: ne va della tua felicità e di quella di chi ami. Rimani te stessa anche se significa allontanarsi da qualcuno.

NOTE:

PARTE 5:
Qualche segreto in più

Capitolo 17:
Preparati per il futuro

In questo capitolo imparerai qualche segreto in più su come prepararti per il futuro.

Qualunque sia il futuro che ti attende e quello che speri di raggiungere, niente ti impedisce di prepararti fin da ora. Questo significa che puoi iniziare subito a prepararti al mondo del lavoro, o anche all'università, se è questo il tuo obiettivo.

90 - Anche tu puoi guadagnare

Anche da ragazzi, è normale iniziare a sentire la necessità di guadagnare dei soldi per avere una maggiore libertà, per esempio per poter uscire con gli amici e mantenere i propri hobby. Puoi ottenere questo risultato cercando un lavoretto che ti occupi il tempo libero e ti permetta di guadagnare qualcosa.

La parte difficile è naturalmente trovare il lavoro perfetto. Dovrai trovare un lavoro che ti occupi solo i weekend e le sere, visto che comunque non puoi lasciare la scuola. Inizia quindi a pensare a quali possono essere i lavori pensati proprio per funzionare così. Un esempio potrebbe essere la cameriera, ma puoi anche pensare di dare delle ripetizioni nelle materie in cui sei più brava o fare la babysitter.

Durante l'anno scolastico potrai permetterti di avere solo lavori part-time, vale a dire che occupano solo un numero limitato di ore alla settimana. Tuttavia, se lo desideri puoi anche aumentare le ore di lavoro durante l'estate. Ci sono davvero molti lavori stagionali che sfruttano proprio le vacanze, come per esempio alcuni parchi a tema.

I vantaggi di un lavoro stagionale sono davvero molti. Tanto per cominciare non devi lavorare mentre stai frequentando la scuola. Puoi focalizzarti interamente sullo studio, senza altre distrazioni. Puoi quindi pensare di valutare anche questa possibilità.

91 - Segui le tue passioni

Certo, all'inizio l'entusiasmo di aver trovato un nuovo lavoro potrebbe farti accettare qualunque occasione di capiti sotto tiro. Ma aspetta un attimo.

In questo percorso, non dovresti mai dimenticarti di cercare un'occupazione che ti appassioni. Solo in questo modo puoi divertirti ogni giorno senza che questo ti pesi particolarmente. Se per esempio sei un'appassionata di dolci, prova a chiedere ad una pasticceria locale se ha bisogno di un'assistente. Se invece ti piace molto il caffè puoi provare a fare domanda in una caffetteria. E così via. A prescindere dai tuoi interessi, comunque, scegli sempre un lavoro che ti sembra potrebbe essere divertente.

92 - Muovi i primi passi

In ogni caso, se vuoi cercare un lavoro ecco i primi passi per farlo:

- Crea un curriculum. Si tratta di un documento che contiene tutte le tue esperienze e le tue capacità. Deve comprendere anche il tuo nome e i tuoi contatti. Chiedi consiglio ai tuoi genitori su come creare il curriculum perfetto.
- Chiedi alla tua famiglia e ai tuoi amici se conoscono qualcuno che sta cercando aiuto. Il passaparola può davvero essere un ottimo alleato.
- Cerca lavori online. Ci sono tantissime piattaforme dedicate proprio a questo scopo.

E non dimenticare di impegnarti tanto e di divertirti ancora di più!

93 - Sfrutta i tuoi talenti senza uscire di casa

E a proposito di online, oggi esistono davvero moltissime piattaforme dove puoi guadagnare dei soldi semplicemente mettendo a disposizione i tuoi talenti o le tue abilità. Dopotutto, se sei particolarmente brava a fare qualcosa, perché non cercare di guadagnare qualche soldo in più?

I siti che permettono di raggiungere questo scopo sono tanti e funzionano ognuno a modo proprio. Tanto per cominciare, esistono siti che ti permettono di proporre un servizio e di essere contattata da possibili "clienti" che ti pagano per una commissione specifica. È il caso per esempio di siti come Fiverr o Freelancer.com. Tuttavia, su questo tipo di piattaforme potresti incontrare qualche difficoltà per via della tua età. Potrebbe comunque essere utile iniziare a prenderci la mano: ti sarà utile in futuro sia che tu voglia utilizzare queste piattaforme come professionista che come cliente.

Più semplice è invece l'uso di siti che propongono un pagamento ben più immediato, vale a dire per un lavoro specifico. Può trattarsi di un testo scritto, per esempio: piattaforme come Publisuites offrono un compenso per ogni articolo o post scritto. Altri siti invece, come Shutterstock per esempio, ti danno l'opportunità di vendere le tue fotografie, se è questa la tua passione.

Se invece ti piace il mondo dei social, puoi provare anche a seguire questa strada. Ammettilo: anche tu hai una youtuber o una tiktoker preferita. Per quanto la strada che porta a fare dei social un lavoro è lunga e tortuosa, non c'è miglior momento per iniziare a prendere confidenza con questo mondo di adesso. Trova una tematica che ti appassioni davvero e condividila con i tuoi follower. Chi può dirlo? Magari la prossima influencer di successo potresti anche essere tu.

Insomma, qualunque strada tu scelga tra queste, ricorda sempre che l'importante è seguire le tue passioni, impegnarti e soprattutto divertirti tanto. E se impari qualcosa di nuovo o guadagni un po' di soldi lungo il percorso, anche meglio!

94 - Inizia a prepararti per l'università
Se invece la tua mente è già indirizzata sull'università, allora in questo momento è bene concentrarsi solo su quello.

La scelta naturalmente non è semplice. Frequentare o non frequentare e il tipo di università selezionata possono davvero fare la differenza sulla vita che avrai in futuro. Non è quindi mai troppo tardi per iniziare a prepararsi.

Fin dalle scuole medie, la cosa più importante è imparare ad essere la migliore studentessa possibile, esercitandosi sempre e impegnandosi al massimo. Puoi iniziare fin da ora a informarti sui diversi tipi di lavoro che ti piacerebbe avere in futuro e su quale sia il percorso di studi giusto per arrivare a quell'obiettivo. Se hai una passione, questo è il momento di scoprire come sfruttarla nel mondo del lavoro per riuscire a costruire la carriera dei tuoi sogni.

Parlane anche con la tua famiglia e con i tuoi amici, ma soprattutto con gli insegnanti, per ricevere tanti consigli utili. Non solo ti possono aiutare a capire quali sono le diverse università che possono fare al caso tuo, ma ti possono anche suggerire su cosa è meglio concentrarsi fin da ora per riuscire a raggiungere il tuo obiettivo.

Un'altra idea che potresti pensare di mettere in pratica consiste nel parlare ad una serie di adulti che fanno parte della tua vita, chiedendo cosa amano e odiano del loro lavoro, che tipo di studi hanno seguito per arrivare a quella professione, e così via.

Insomma, sfrutta al meglio questi anni per raccogliere il maggior numero di informazioni possibili.

95 – Prova a fare volontariato

Una buona idea per cercare di impegnarti in vista del futuro consiste nel dedicare del tempo al volontariato.

Oltre a fare del bene e aiutare chi ne ha bisogno, in questo modo potrai anche capire qualcosa in più sui diversi ambiti in cui andrai a lavorare. Per esempio, se ti offri di aiutare dei bambini nel doposcuola, puoi capire se ti piace l'insegnamento o comunque un lavoro che coinvolge quella fascia d'età. Insomma, puoi fare una prova sul campo.

Inoltre, sicuramente fare volontariato ti darà la giusta carica per diventare una persona sempre migliore: cosa c'è di meglio per sentirsi bene che aiutare il prossimo?

In breve

💟 Qualunque sia il futuro che ti attende, puoi iniziare a realizzarlo da subito. Sia che il tuo obiettivo sia di guadagnare qualche soldo extra sia che si tratti di prepararsi all'università, solo impegnandoti e lavorando sodo potrai farcela. Inizia fin da adesso!

NOTE:

Esercizio 8:
L'importanza del risparmio

Inizia a risparmiare oggi per i sogni di domani!
Risparmiare è una delle abitudini più utili che puoi sviluppare fin da giovane. Anche se può sembrare difficile, imparare a mettere da parte piccoli importi ti aiuterà a raggiungere i tuoi obiettivi e a sentirti più sicura quando vuoi comprare qualcosa di speciale o realizzare un progetto.
Questi esercizi ti aiuteranno a mettere da parte denaro per un obiettivo preciso. Potrebbe essere qualcosa che desideri, come un libro, un vestito, o un progetto più grande!

DA €1 A €50

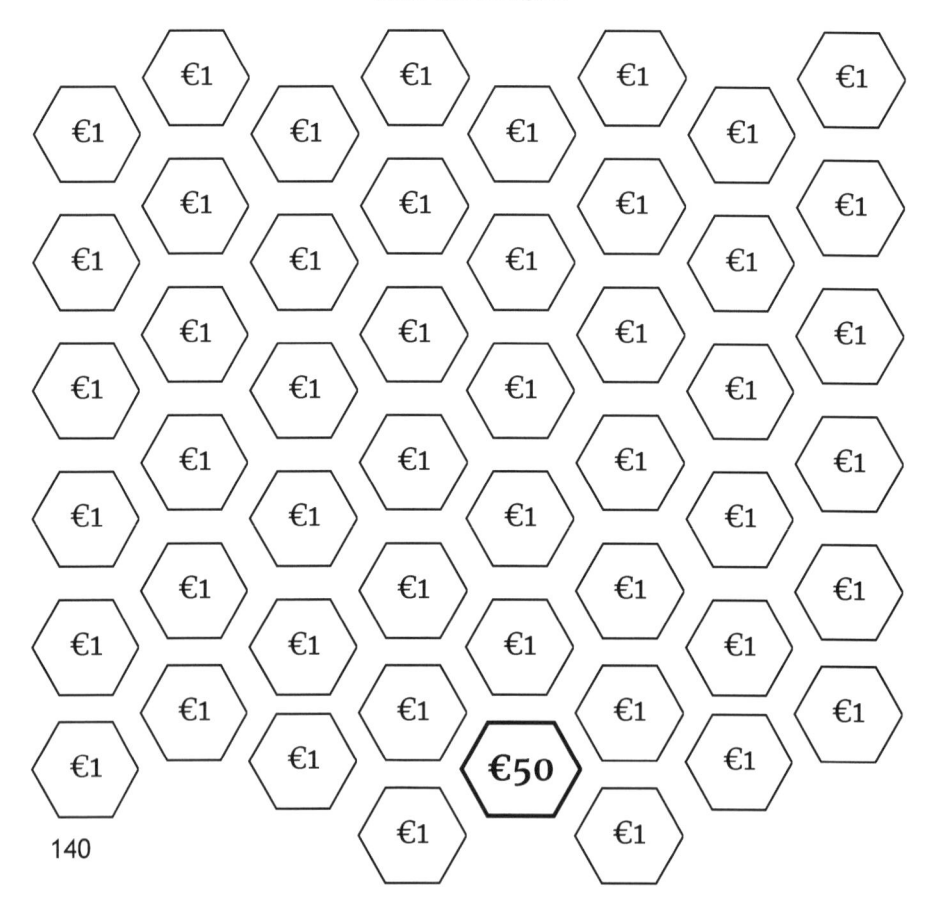

DA €10 A €80

€10

€10

€10

€10

€10

€10

€10

€10

Esercizio 9:
Paura del futuro

Lascia che i tuoi pensieri negativi diventino leggeri e liberi, come palloncini colorati che volano verso il cielo.

Capitolo 18:
I social media

In questo capitolo imparerai qualche segreto in più su come gestire i social media.

Oggi qualunque ragazza passa davvero molto tempo al cellulare, proprio utilizzando i tanto famigerati social media. Non importa se stai guardando dei video, mettendo un like a qualche foto o creando dei contenuti in prima persona: lo schermo ti attrae sempre di più.

Nonostante praticamente tutti siano su qualche social ormai, ed è un'attività che la maggior parte delle persone praticano nel loro tempo libero, in realtà si tratta di qualcosa di molto rischioso.

Ma come? Se tutti lo usano, come fa a fare tanto male?

96 - I social possono essere pericolosi...
Il primo pericolo dei social media consiste nel fatto che ti allontanano dalla realtà.

Che tu sia incollata allo schermo come chiunque altro o che abbia paura di perderti qualcosa, di fatto sei sempre impegnata a scorrere il tuo feed, cercando un altro video, un'altra foto. E naturalmente sono i social stessi a volerlo, con algoritmi che ti spingono sempre di più a scrollare ancora e ancora. E questo ti impedisce di allontanarti.

Il secondo ostacolo riguarda il fatto che Photoshop esiste eccome. E così le mille app che oggi ti permettono di modificare il tuo aspetto, anche senza che nessuno se ne accorga. E succede tutti i giorni: migliaia di influencer si perfezionano sempre di più. È importante ricordare che nessuno è perfetto, e soprattutto nessuno lo è tutto il tempo. Tutte quelle persone che sullo schermo sembrano quasi non avere difetti sono in realtà ricoperte di filtri.

Naturalmente, anche se queste immagini sono del tutto false, questo non significa che ai nostri occhi non sembrino verissime. E questo condiziona l'immagine che abbiamo del nostro corpo, che ne esce completamente distrutta. Tutti noi immediatamente paragoniamo il nostro corpo a quello dell'influencer di turno, rattristandoci di non essere altrettanto perfetti. I social così ci costringono ad avere delle aspettative totalmente irrealistiche nei confronti del nostro corpo.

Un altro problema legato all'uso dei social è il cyberbullismo, ovvero il bullismo online. Ovviamente il bullismo esisteva ben prima dell'invenzione dei social, tuttavia questo mezzo gli ha dato delle occasioni in più per fare danni. E questo perché dietro uno schermo le persone possono riuscire ad essere molto più cattive, grazie al fatto che nessuno le conosce e le riconosce.

Tutti questi rischi fanno sì che di fatto, dopo aver utilizzato i social, tu finisca per sentirti meno felice di quanto potresti essere altrimenti.

E allora come si può fare? Bisogna forse eliminare del tutto i social?

97 - ...impara a usarli nel modo giusto

Eliminare del tutto i social è pressoché impossibile. Ormai sono diventati parte integrante delle nostre vite e della nostra socialità. Oltretutto, si possono anche rivelare utili in più di un'occasione, legando persone anche a distanza e aiutando a divertire ed informare milioni di persone in tutto il mondo. Sono inoltre un ottimo modo per stringere nuove amicizie, per esprimersi liberamente e per non sentirsi mai soli.

La soluzione per utilizzare i social in modo corretto, quindi, risiede unicamente nel seguire qualche consiglio utile, per cercare di tenere sotto controllo i rischi godendo comunque dei vantaggi. Ecco allora qualche suggerimento utile:

- Crea dei confini che gli altri non possano oltrepassare e rispetta quelli altrui.
- Scegli con attenzione le disposizioni della privacy.
- Segnala qualsiasi episodio di bullismo non appena te ne accorgi.
- Cerca di limitare il tempo che passi davanti allo schermo.
- Fai sempre attenzione al linguaggio che usi e al tono con cui parli online: non offendere nessuno e non ledere la loro privacy.
- Non fidarti mai degli sconosciuti.

Questi sono alcuni consigli che possono esserti utili. Ricorda comunque che i social funzionano come la vita vera. Non fare o dire nulla che non faresti o diresti anche se fossi presente in una determinata situazione. Con un po' di attenzione, hai tra le mani uno strumento potentissimo, che può offrirti tante occasioni di crescita.

In breve

♡ I social sono parte integrante della nostra vita quotidiana. Per quanto non si possa pretendere di eli- minarli del tutto, è bene seguire qualche regola di base per assicurarsi di non correre dei rischi inutili. Tieni comunque sempre presente che la vita reale è ben diversa da quella dei social, ed è su quella che devi concentrarti per diventare una persona realizzata e raggiungere tutti i tuoi obiettivi.

NOTE:

Esercizio 10:
Il digital detox

Viviamo in un'epoca in cui siamo sempre connesse, riceviamo notifiche, messaggi, e-mail e siamo bombardate di informazioni ovunque. Questa stimolazione continua può influire negativamente sulla nostra salute mentale, fisica e sui rapporti con chi ci sta vicino.

Durante un digital detox, puoi dedicarti ad attività che ti fanno rilassare, come leggere un libro, fare una passeggiata, meditare o passare del tempo con le persone a cui tieni.
Disconnetterti dai social ti dà l'opportunità di riscoprire le piccole cose, riprendere il controllo dei tuoi pensieri e costruire relazioni più vere.
Se lo fai regolarmente, il digital detox può davvero migliorare il tuo benessere e farti sentire più felice!

Dopo aver praticato il digital detox, prendi un momento per riflettere sulla tua esperienza. Scrivi in due colonne i pro e i contro che hai riscontrato durante questo esercizio.

PRO	CONTRO
....	....
....	....
....	....
....	....
....	....
....	....
....	....

Capitolo 19:
Body shaming: il bullismo della bellezza

In questo capitolo imparerai ad amarti sempre, a prescindere da quello che ti dice la società.

Il rapporto delle ragazze con il proprio corpo è sempre stato molto complesso, e questo dipende da tutta una serie di fattori, di cui molti sono sociali. Purtroppo questa situazione è molto peggiorata negli ultimi decenni, soprattutto per via di modelli di bellezza sempre più irraggiungibili.

Ma perché l'estetica, soprattutto quella femminile, è tanto importante?

98 - Non credere alla bugia della bellezza assoluta

Oggi si è imposto nella società il mito della bellezza assoluta, vale a dire l'idea che ci sia un "bello" che viene considerato tale da tutti. E non solo, ma questo valore è di un'importanza fondamentale, tanto che più del contenuto è importante il "contenitore".

E così il contesto in cui viviamo richiede che ognuno dia di sé l'immagine migliore possibile, che la dimostri sui social e che ne faccia un vanto. E per le donne questo è ancora più importante, perché molto del loro valore sta, nell'opinione comune, in quanto riescono ad essere tradizionalmente belle.

Questo tradizionalmente belle si concentra in due concetti chiave: magra e con le forme.

99 – Il body shaming è dietro l'angolo

Naturalmente, il fatto che ci sia una bellezza assoluta implica naturalmente che ci siano tutta una serie di persone che non rientrano in questi canoni. Ed è qui che entra in gioco il body shaming.

Il body shaming indica una forma di bullismo verbale per cui si prende in giro l'aspetto estetico degli altri. Per quanto questo fenomeno sia sempre esistito, sicuramente ora è di gran lunga peggiorato principalmente a causa dei social network, che permettono a chiunque di dire qualunque cosa.

Si tratta di un fenomeno molto diffuso, che colpisce maschi e femmine indiscriminatamente. Tuttavia, il problema è decisamente più grave per le donne (quasi la metà di loro subisce questo comportamento) e soprattutto per le ragazze: quasi tutte le adolescenti vengono derise per il loro aspetto.

I rischi del body shaming sono tantissimi. La vergogna per il proprio corpo, l'ansia, una bassa autostima possono portare a comportamenti pericolosi come i disturbi alimentari, un'attività motoria eccessiva, la depressione o il totale isolamento. Insomma, è un fenomeno da non sottovalutare assolutamente.

Ma come si combatte il body shaming?

100 - Sii orgogliosa del tuo corpo

Per combattere il body shaming il primo passo è proprio conoscerlo: solo così possiamo cercare di correre ai ripari. Oltre a questo, tanti piccoli accorgimenti possono essere d'aiuto:

- Cerca per quanto possibile di ignorare i giudizi che ricevi tramite i social.
- Mantieni sempre uno stile di vita basato sulla tua salute e non sul tuo aspetto.
- Concentrati sui tuoi punti di forza caratteriali e intellettuali.
- Parla sempre di qualsiasi emozione negativa legata al tuo aspetto.

Ma soprattutto, ricordati sempre di essere orgogliosa del tuo corpo. Come abbiamo detto è uno solo, ed è speciale. Non esiste alcun motivo per cui il giudizio di qualcun altro dovrebbe venire prima del tuo giudizio su te stessa. Conta solo quello.

E infine, ecco un ultimo suggerimento, il più importante.

101 - Rimani sempre te stessa

Proprio così, rimani sempre te stessa.

Tante volte in questo libro ti abbiamo mostrato quanto spesso le persone siano cattive. Possono giudicarti, insultarti, costringerti a fare qualcosa che non vuoi fare, e tutto solo per un loro tornaconto personale.

Tu però non lasciarti condizionare. Scopri chi sei e quali sono i tuoi valori e aggrappati ad essi con tutte le tue forze. Circondati di persone che ti amano per quella che sei, e che non ti fanno desiderare di essere niente di diverso. Perché quello che sei è già abbastanza, ed è importante: non dimenticarlo.

In breve

- Purtroppo, oggi il corpo delle donne viene considerato da molti un oggetto su cui si può dire la propria opinione sempre e comunque. Questo atteggiamento può essere molto pericoloso, ed è importante cercare di identificarlo subito per poterlo combattere. Per fortuna, grazie all'amore che provi per te stessa e a quello delle persone che ti vogliono bene, potrai ricordarti sempre quanto sei speciale e non lasciarti condizionare da chi vuole solo il tuo male.

NOTE:

Conclusione

Crescere non è sempre la cosa più facile del mondo, soprattutto per una ragazza. Anche se sei pronta a prendere il mondo in mano e a lavorare per raggiungere i tuoi obiettivi, a volte ti viene richiesto un po' di impegno in più per riuscire a farlo.

Ciò nonostante, si tratta comunque di un periodo meraviglioso, ricco di esperienze fantastiche che non si ripeteranno mai più. Cerca di sfruttarlo al massimo, godendoti tutto il percorso dall'inizio alla fine.

Inizia con il conoscere te stessa. Ricordati sempre che non c'è nulla di sbagliato in te, e che devi solo trovare i tuoi valori e seguirli sempre, senza perdere il rispetto di te e trattando anche gli altri di conseguenza.

Una volta scoperto chi sei, concentrati sul tuo benessere, sia mentale, che fisico che spirituale. Tutti questi aspetti sono fondamentali per prenderti cura di te.

Anche la scuola può essere un importante campo di allenamento da questo punto di vista. Qui puoi imparare tutto ciò che c'è da sapere sulla vita, sul lavoro e sul tuo futuro. Non sottovalutare gli insegnamenti che riceverai durante questi anni, perché sono davvero fondamentali.

Infine, ricordati di passare sempre tanto tempo con le persone a cui vuoi bene, che siano membri della tua famiglia o amici. Anche se queste relazioni molto spesso non sono semplicissime da gestire, ti daranno tante soddisfazioni e ti porteranno sempre verso una vita più felice.

Ma soprattutto, ricordati sempre che a prescindere da quanto il mondo intorno a te possa farti credere il contrario, tu sei speciale e importante. Rimani te stessa e continua ad inseguire i tuoi sogni.

Speriamo che questo libro ti abbia aiutato. Certo, rimane ancora un percorso complicato, che richiede impegno e tempo. Ma siamo convinti che lavorando sempre e ricordando i consigli che ti abbiamo dato riuscirai a raggiungere tutti i tuoi obiettivi.

Fatti coraggio: sei già più vicina di un passo alla donna che vuoi diventare.

In bocca al lupo!

Printed by Amazon Italia Logistica S.r.l.
Torrazza Piemonte (TO), Italy